我为何而活

罗素自传

The AUTOBIOGRAPHY of BERTRAND RUSSELL

[英]伯特兰·罗素 ———— 著

靳婷婷 ———— 译

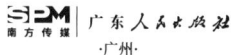

Bertrand Russell
Autobiography
根据 Routledge Classics 2010 年版译出
—
果麦文化 出品

致伊迪丝

岁月漫漫,
我求索安宁,
我寻得了狂喜,寻得了苦闷,
寻得了疯狂,
寻得了孤寂,
寻得了咬噬心灵的,
孑然一身的苦楚,
却未曾寻得那份安宁。

如今,垂垂老矣,风烛残年,
我与你相识,
而与你的相识,
让我找到了狂喜和安宁,
历经多年孤独岁月,
我得以品尝休憩之味。
懂得了生活和爱情为何物。
而今,若我长眠不醒,
我将心满意足,酣睡如梦。

To Edith

Through the long years
   I sought peace.
I found ecstasy, I found anguish,
   I found madness,
   I found loneliness.
   I found the solitary pain
      that gnaws the heart,
But peace I did not find.

Now, old & near my end,
   I have known you,
And, knowing you,
I have found both ecstasy & peace.
   I know rest,
After so many lonely years.
I know what life & love may be —
Now, if I sleep,
I shall sleep fulfilled.

目录

序言
我为何而活

---- 1872年—1914年 ----

第一章
童年，少年

第二章
剑桥岁月

第三章
坠入爱河

第四章
智识的收获

第五章
风暴来临

―――― 1914年—1944年 ――――

第六章
战火

第七章
中国之旅

第八章
全新的情感重心

第九章
在他乡

―――― 1944年—1967年 ――――

第十章
重返英伦

第十一章
罗素-爱因斯坦宣言

第十二章
特拉法加广场

第十三章
和平基金会

后记

尾注

序言
我为何而活

有三种感情，单纯而热烈，支配着我的一生：对爱情的渴望、对知识的追求，以及对人类苦难不可遏制的同情。这三种激情如同飓风，将我肆意吹来打去，越过深邃的苦海，到达濒临绝望的边缘。

我寻求爱情，首先是因为爱情让我心醉神迷，这份狂喜是如此强烈，让我常常甘愿牺牲生命中余下的一切，只为换取几小时的欢愉。我寻求爱情，其次是因为爱情能缓解我的孤寂，那可怕的孤寂足以让一颗瑟瑟发抖的心俯在世界的边缘，望向冰冷死寂的万丈深渊。我寻求爱情，最后是因为在爱的交融中，我窥见了圣徒和诗人想象出的天堂的神秘缩影。这就是我所寻求的爱情，爱情之美好似乎只应天上有，但历经千帆，我还是如愿以偿。

秉着同样的热情，我寻求知识。我渴望了解人类的心灵，我渴望知晓星辰为何闪耀，我试图领悟毕达哥拉斯[1]思想的威力，即万物流转都受到数字支配。我在这方面取得了一点成果,但并不算多。

爱情与知识已让我尽可能地靠近天堂,但悲悯却总能把我拽回人间。痛苦的呼喊萦绕在我的心头。忍饥挨饿的儿童,饱受压迫者折磨的受害者,被子女视为碍眼负担的无助老人,以及充斥着孤独、贫穷和苦痛的整个世界,都是对人类应有的理想生活的嘲弄。我渴望减轻这罪恶,但却无能为力,自己也深受其害。

这,就是我的人生。我觉得此生值得,如若有机会,我会欣然再活一次。

1872 年—1914 年

1914 年—1944 年

1944 年—1967 年

多亏大自然、书籍,
以及　数学的拯救,

才让我免于彻底的

沉
沦

第一章
童年，少年

我为何而活：罗素自传
THE AUTOBIOGRAPHY
OF BERTRAND RUSSELL

我最早的清晰记忆,是我在1876年2月来到彭布罗克庄园[1]时的情景。准确来说,我并不记得到达这里的确切情形,只是零星记得途经一处伦敦火车站,那大概是帕丁顿站,有着巨大的玻璃屋顶,在我看来简直美得不可思议。我对到达彭布罗克庄园第一天的记忆,就是在佣人休息室里喝茶。这是一间陈设简陋的大房间,摆着一张大长桌、几把椅子和一把高脚凳。所有的佣人都在这个房间里喝茶,除了女管家、厨子、贴身女仆和男管家之外,他们形成了自己的"贵族圈",在女管家休息室里自成一统。我被人放在那把高脚凳上,最历历在目的回忆,是当时纳闷这些佣人为什么对我这么感兴趣。当时的我还不知道,自己已经成了大法官、几位赫赫有名的女王御用大律师和各路知名人士紧密关注的对象。直到长大成人,我才了解到来到彭布罗克庄园之前发生的奇事。

我的父亲是安伯雷子爵,长期以来,他的身体日渐衰弱,并于不久前去世。大约在之前一年半,我的母亲和姐姐死于白喉。后来，我通过母亲的日记和信件了解到，她是一个精力充沛、热情活泼、机智、严谨、独创和无畏之人。从照片来看，她生前一定非常漂亮。我的父亲则冷静达观、勤奋好学、脱俗、孤僻且自恃清高。两人都是激进的改革理论家，一心要把自己坚信的所有理论付诸实践。我的父亲是约翰·斯图亚特·穆勒[2]的学生和好友，在他的影响下，我的双亲倡导节育和妇女选举权。我的父亲因提倡节育而丢掉了议会中的席位，我的母亲也偶尔会因激进的观点而遇到麻烦。在玛丽王后[3]的父母举行的一次花园招待会上，剑桥公爵夫人高声呵斥："没错，我知道你是什么人，你是罗素家的儿媳。但现在我却听说，你只爱和龌龊的激进派和肮脏的美国人为伍，传得整个伦敦满城风雨，所有的俱乐部都在讨论这件事。我真要看看你的衬裙，是不是也一样脏。"

我母亲生前常常在会议上发表支持妇女选举权的演讲，我在她的日记中找到了一段话，将包括西德尼·韦伯夫人[4]和考特尼夫人[5]在内的波特姐妹称为"交际花"。日后，我与西德尼·韦伯夫人日渐熟识，相比于母亲，她的确较为轻浮，这也让我对母亲的庄重肃然起敬。然而，从我母亲的信可以看出，她有时也会展现风情万种的活泼一面，比如，她在写给实证主义者亨利·克朗普顿[6]的信中就是如此。这么说来，她展现给世人的一面，或许并不像日记中表现得那么让人畏惧。

我的父亲是一个自由思想者，写过一本名为《宗教信仰分析》[7]的大部头著作，在他死后出版。他有一家巨大的图书馆，里面有教父学、佛教、儒学论述等著作。为了创作的准备工作，他在乡下待了很长时间。我的父母在院长院子[8]有一幢房子，在婚后最初几年，他们每年会在伦敦待上几个月。

1867年，我的父母去了美国，与波士顿激进派广交好友。他们无法预见到，那些充满民主激情、博得他们掌声的人，那些成功反对奴隶制、引得他们钦佩的人，却正是日后那些谋杀萨科和万泽蒂[9]的刽子手的祖辈。我的父母在1864年结婚，当时两人都只有二十二岁。就如哥哥在自传[10]中自豪宣称的那样，他在父母婚礼后九个月零四天时降生。在我出生前不久，一家人搬进了一所僻静的宅邸，名叫雷文斯克罗夫特庄园（现名克莱登庄园）[11]，坐落于威河陡峭堤岸的树林中。我出生三天后，母亲在家中给她的母亲写了一封信，信中这样描述我："婴儿体重 $8\frac{3}{4}$ 磅，身长21英寸，又胖又丑，大家都认为很像弗兰克。蓝色的眼睛分得很开，下巴轮廓不明显。他对母乳哺育的态度和弗兰克一模一样。我现在奶水很足，但如果他没能立即吃上奶，或是遇到诸如胀气等情况，就会恼羞成怒，大喊大叫，胡踢乱颤，直到有人安抚才停下……他会高高抬起头，充满活力地环顾四周。"

父母为我哥哥找来的家庭教师名叫道格拉斯·斯伯丁[12]，詹姆斯[13]在《心理学原理》一书中对他的论述做了援引，这至少是对其科学素养的一种证明。他是达尔文主义者，热心钻研鸡的本能，为了便于研究，他获准把家中包括起居室的每个房间都折腾得一团乱。当时，他本人已处于结核病晚期，在我父亲去世后不久也离世了。显然，我的父母基于纯粹的理论作出决定，鉴于他身患结核病，理应不生子女，但因此要求他独身则有失公允。因此，母亲便允许他跟自己同居，但据我所知，她并未从中获得任何乐趣。这种情况只维持了很短的一段时间，始于我出生之后，而母亲在我两岁时便去世了。然而，在母亲去世后，父亲却让这位家庭教师继续任教。父亲去世后，人们才得知他安排这位家庭教师和科布登-桑德森[14]作为两个儿子的监护人，这两人都是无神论者。父亲这样安排，是希望保护两个儿子免受宗教教育之害。然而，我的爷爷奶奶从父亲的信中发现了关于我母亲的事情，使得秉承维多利亚道德观[15]的两人惶恐不安。他们决定在必要时启动法律程序，从蛊惑人心的异教徒手中拯救无辜的孩子。这两位心怀不轨的异教徒找到霍勒斯·戴维[16]爵士（后为戴维勋爵）咨询，爵士确信两人赢不了官司，显然是基于雪莱[17]的先例。因此，我和哥哥便判为法院监护，科布登-桑德森在上文提到的那天将我交给了我的爷爷奶奶。毫无疑问，这段历史加剧了佣人们对我的兴趣。

关于母亲，我几乎没有什么印象，只记得一次我从小马拉的马车上摔下来的时候，她肯定在场。我对这段记忆多年闭口不提，很久以后找人得到了证实，因此，这段回忆很可能是确切发生过的。关于父亲，我只有两段回忆：我记得他给了我一页红色的纸，颜色我很喜欢；另外还有一段他泡澡的场景。我的父母选择葬在雷文斯克罗夫特庄园的花园中，后来被挖出迁到了切尼斯的家族墓室。

爷爷奶奶居住的彭布罗克庄园，是里士满公园里的一幢形状不规则的老旧别墅，只有两层高。乔治三世[18]对彭布罗克夫人[19]情有独钟，在爆发精神错乱的那一年，将将这座别墅作为君王的赠礼送给了她。[20]女王在爷爷奶奶四十多岁的时候把别墅赠予他们，从那之后，他们便一直住在那里。彭布罗克庄园有十一英亩的园林，其中大部分区域的植被都可自由生长。在我十八岁以前，这座园林是我生活中重要的组成部分。园林的西侧，从埃普索姆丘陵（小时候的我还以为这片丘陵叫"上上下下丘陵"[21]）一直延伸到温莎城堡，中间则是欣德黑德和利斯两座山丘。我逐渐习惯了广阔无垠的地平线和一览无余的落日，从那以后，若是少了这两种景象，我的生活便少了许多乐趣。那里有许多美丽的树木：栎树、山毛榉、欧洲七叶树、西班牙栗树、欧椴树以及一株非常壮美的雪松，还有印度亲王赠送的柳杉和喜马拉雅雪松。那里有凉亭、锈红蔷薇灌木丛、月桂树丛和各种各样的藏身处，即便成年人躲在这里，也完全不必担心被人发现。另外，园里还有几处欧洲黄杨围成的花圃。在我入住彭布罗克庄园的这些年里，园林越来越疏于照管。大树倾倒，小径上灌木丛生，草坪上的野草长得又高又密，那些黄杨树篱几乎长成了大树。这座花园似乎还留存着对于昔日辉煌岁月的记忆，那时，异国的使节在草坪上踱步，亲王们观赏着修剪整齐的花坛。这片园林活在往昔，而我则和它一起流连于往昔。我编织着有关父母和姐姐的旧梦，想象着爷爷尚且身强力壮的日子。我听到的大人们的谈话，大多讲的是很久以前发生的事情：爷爷在厄尔巴岛拜谒拿破仑[22]，奶奶的叔祖如何在美国独立战争期间捍卫直布罗陀，以及她的祖父因为埃特纳火山的山脊上有充足的熔岩，主张世界一定创造于公元前4004年之前[23]，并由此遭到政府排挤。有的时候，我们的谈话会转向较为近期的时事，他们会告诉我卡莱尔[24]如何称赫伯特·斯宾塞[25]为"纯粹的真空"，或者达尔文如何因格莱斯顿先生[26]的来访而倍感荣幸。我的父亲和母亲都已不在人世，我常常好奇他们是什么样的人。独自一人的时候，我常在园林中踱来踱去，时而捡拾鸟蛋，时而冥思时光的飞逝。如果可以依据自己的回忆做评判，那些对性格塑造影响重大的孩提印象，尽是些全神贯注于童稚之事且不能对大人倾吐的短暂瞬间。在我看来，不受外界强加之事的打扰而随心所欲探索浏览的时间，对于年轻人来说至关重要，因为只有这样的时期，才能让人有时间形成那些看似一晃而过，实则灵动鲜活的印象。

记忆中的爷爷已是个年逾八旬的老人，不是坐在浴椅中被人推着在园中散心，就是坐在他的房里阅读《汉萨德英国议会议事录》[27]。爷爷去世时，我刚刚六岁。记得在他去世的当天，我看到哥哥（他当时离家上学）坐着马车回家，但当时还在学期期间。我欢呼了一句："万岁！"但我的保姆却制止我说："嘘！你今天绝对不能说'万岁'！"从这件事情或许可以推断，爷爷在我心里的分量并不太大。

相反，比爷爷年轻二十三岁的奶奶，却是我整个童年时代最重要的人。她是一名苏格兰长老会教徒，在政治和宗教上都属自由主义者（她在七十岁时成为一位论派[28]信徒），但对于一切道德问题都极其严苛。嫁给爷爷的时候，奶奶还是个羞涩的少女。爷爷是个鳏夫，膝下有两个孩子和四个继子女。两人结婚几年后，爷爷便当上了首相。对她来说，这想必是一项严峻的考验。她说，还是个姑娘时，她曾参加过诗人罗杰斯[29]举办的一场著名的早餐会。看到奶奶的羞涩，罗杰斯对她打趣道："亲爱的，吃点口条吧，说不定能让你健谈些！"从她的言语中可以明显听出，她根本不知恋爱是什么滋味。有一次，她告诉我，在蜜月期间，母亲过来陪她，让她如释重负。还有一次，她哀叹道，如爱情这般无足轻重之物，竟能成为如此多的诗歌的主题。但对于爷爷，她堪称一位忠诚的妻子，而且据我所知，她向来将为妻的严格标准奉为己任，从未有过疏忽。

作为一位母亲和祖母，她虽关怀备至，但并非时时明智。我觉得，她从不知晓动物本能和旺盛生命力的需求，而是要求通过维多利亚式价值观的滤镜审视一切。记得我曾试图让她明白，一方面要求每个人有住处安身，另一方面又因为新房子碍眼而反对建造，这未免自相矛盾。在她看来，每一种感情都有各自的权利，不能仅因符合逻辑这种冷冰冰的东西就给另一种感情让位。按照她那个时代的标准，她是位教养良好的妇女：她能够准确无误地讲法语、德语和意大利语，且丝毫没有口音；她对莎士比亚、弥尔顿和18世纪的诗人如数家珍；她能背诵黄道十二星座和九位缪斯女神的名字；根据辉格党的传统，她对英国历史了解得细致入微，也熟知法国、德国和意大利的经典作品。自 1830 年以来，她对政治有了近距离的亲身体悟。然而，在她所受的教育和她的精神生活中，却从未涉及何谓理性。尽管我已听过不知多少人试图向她解释，但她就是不明白河上船闸的运作原理。她恪守着维多利亚清教徒的道德观，因此无论如何也不能相信，一个不时口出脏话的人也能拥有些许优良的品质。然而在这一点上，也偶有例外。她认识贝里姐妹[30]，她们是霍勒斯·沃波尔[31]的好友。一次，她丝毫不加谴责地对我说："她们有些守旧，只是偶尔说几句粗话而已。"像她这样的人，大多会在谈及拜伦[32]时网开一面，觉得拜伦因年少时爱而不得饱受折磨。然而，她对雪莱却没有这样的宽容，她认为雪莱的生活毫无道德可言，也觉得他的诗歌无病呻吟、令人生厌。我觉得，她应该从未听说过济慈。虽然她通晓直到歌德和席勒的欧洲大陆古典文学，但对她同时代的欧洲大陆作家却一无所知。屠格涅夫曾经送给奶奶一本他的小说，但她从未读过，只把他当作某位八竿子打不着的亲友。她知道他在写作，但觉得几乎所有人都能动动笔杆，因此没什么大不了的。

当然，对于现代意义上的心理学，她也同样一无所知。她认为，某些动机是值得称赞的：比如对国家的爱、为公精神、对孩童的爱。然而，对金钱和权力的爱以及虚荣心，则皆为不好的动机。好人的行为总是出于善的动机，然而即便是十恶不赦的坏人，也并非时时邪恶。婚姻是一种令人费解的制度。显然，丈夫和妻子有义务彼此相爱，但又不应太轻易地履行这一义务，因为如果两人是因性吸引力而结合，那么便一定有什么不体面之处。当然，她并不会用这样的措辞来表述这个问题。她曾经说过："你知道吗，我从不觉得夫妻之间的感情像父母对孩子的感情那样纯洁，因为这种感觉偶尔会掺杂些自私的意味。"言语之间，其实就是在暗指这个问题。这或许是她所能想到的最接近性爱这个话题的表述了。隐约记得有一次，我听到她在谈及这个禁忌话题时稍进了一步：当时，她谈到帕麦斯顿子爵[33]在男人中作风不正，因为他不是个检点的人。她不喜欢喝酒，憎恶烟草，饮食习惯近乎素食主义。她生活简单朴素，只吃最清淡的食物，总在八点钟吃早饭，在八十岁之前，从未有过在饮茶后坐在舒适座椅上休息的习惯。她对人情世故一无所知，看不起那些看重世俗荣誉的人。恐怕，奶奶对待维多利亚女王的态度也不很恭敬。她曾经讲过一件趣事，有一次在温莎城堡，她感觉身体很不舒服，女王和蔼地关照她说："罗素夫人请坐吧，某某夫人，请站在罗素夫人前面。"

在我十四岁以后，我开始对奶奶在见识上的局限心生厌恶，她那清教徒式的道德观开始让我觉得过了头；但在我还是孩子的时候，她对我的用心良苦以及对我的幸福快乐的关怀备至，让我对她产生了深厚的感情，也赋予了我作为孩子所需的安全感。记得四五岁的时候，我躺在床上辗转反侧，心想如果奶奶有一天不在人世，那该有多可怕。而她真正过世是在我结婚之后，我却全然没有感伤。但随着年龄的增长，现在回想起来，我才越发意识到她在塑造我人生观上所起的重要作用。她的无畏，她的为公精神，她对传统的蔑视，她对大多数人的意见的无视，向来是我认为值得称道也值得效仿的品质。她给了我一本《圣经》，扉页上写着她最喜欢的经文。其中一条是："不可随众行恶。"[34] 正是她对这条经文的强调，让我在日后的人生中从不畏惧成为少数派中的一员。

除了奶奶，我的家中还住着我的叔叔罗洛和姑姑阿加莎，两人当时都没有结婚。罗洛叔叔在我的幼年成长中起到了一定作用，因为他对科学问题颇有见解，也经常与我讨论。叔叔曾在外交部任职，但他眼睛有疾，我第一次见到他的时候，他已无法读写。后来，他的视力有所好转，但却再也没有尝试过任何常规工作。他是一名气象学家，对1883年喀拉喀托火山喷发的影响进行了重要研究，那次火山喷发给英国带来了落日奇观，甚至出现了蓝月亮。他时常跟我讲起落日奇观由喀拉喀托火山导致的证据，我听得津津有味。他的谈话极大地激发了我对科学的兴趣。

在饮食方面，我在整个童年时期都受到极其严苛的管制，饮食之清淡，远远超过了当今人们视为有益于健康的程度。里士满住着一位名为德切戈扬夫人的法国老太太，她是塔列朗[35]的侄女，经常送我大盒美味甘醇的巧克力。一周七天，我都得把巧克力四处分发给大人吃，而我只有在星期天才能获准吃上一颗。记得有一次午餐时，除了我之外，所有人都换了盘子，且每个人都拿到了一颗橙子。大人不让我吃橙子，因为当时存在一种根深蒂固的理念，觉得水果对孩子有害。我知道我不能主动要求，因为这么做很失礼，但等到佣人在我面前放了一个盘子的时候，我便鼓起勇气开口说："这盘子里什么也没有。"大家都哈哈大笑起来，但还是没人给我橙子吃。我吃不到水果，几乎不能吃糖，连碳水化合物也不能多吃。尽管如此，除了十一岁时轻微发过一次麻疹之外，我从来没生过一次病。自从自己的孩子出世后，我对孩子产生了兴趣，却从来没有见过一个像我小时候那么健康的孩子。但我敢肯定，无论哪位现代儿童饮食方面的专家，都会认为我理应患上各种营养匮乏引起的疾病。也许是偷沙果的习惯救了我一命，如果这事在当时被大人发现，一定会引发巨大的恐慌。

童年大部分的岁月里，一天中最重要的时光都是我在园中独自度过的，而孤独也成了我人生中最鲜明的色调。我很少向别人提及自己比较严肃深沉的想法，偶尔提及，也会心生悔意。我熟悉园中的每一个角落，年复一年，我都会到同一个地方寻找白色报春花，在另一个地方寻找红尾鸲的巢，在盘根错节的常春藤中寻找金合欢绽放的花蕾。我知道在哪里能寻找到最早盛开的蓝铃花，也知道哪棵栎树的树叶最早发芽。记得在1878年，一棵栎树在4月14日就发出了嫩芽。从我的窗户望出去，可以看到两棵黑杨，每棵树大约有一百英尺高，夕阳西下时，我常能看到房子的影子悄悄爬上树。我早晨起床很早，有时能看到金星升起的情景。有一次，我错把金星看成了林中的一盏提灯。大多数的早晨，我都会迎接日出，在晴朗的四月天，我有时会在早餐前溜出家门长途漫步。我目送夕阳将大地映成红色，将云朵染成金色；我倾听风吟，为电闪雷鸣而心潮澎湃。在整个童年时期，我的孤独感变得越发强烈，也越发为找不到一个可以谈心之人而绝望。多亏大自然、书籍，以及（日后）数学的拯救，才让我免于彻底的沉沦。

然而，我童年的最初几年还是快乐的，直到青春期来临，孤独才变得令人窒息。我有两位来自德国和瑞士的女家教，我挺喜欢她们，且我的智识还没有充分发展，因此尚能忍受家人在这方面的不足。然而，我一定隐约感到了某种不快，因为我记得自己曾多么希望父母都还在世。六岁的时候，有一次，我向奶奶表达了这种感情，而她却告诉我，他们的死对我来说是件幸事。当时，她的话让我心里很不是滋味，我还以为是嫉妒心使然。我当然不知道，从维多利亚式的观点来看，这种说法有着充分的依据。奶奶的面部表情非常丰富，虽然她在这大千世界历尽千帆，却从没有学会隐藏情绪的艺术。我注意到，只要稍微提及精神错乱，她就露出一副痛心疾首的模样，于是对原因做了诸多猜测。直到很多年后，我才得知她有个儿子在精神病院。他曾在一个严苛的军团参军，几年之后就疯了。

十一岁时，我开始研读欧几里得[36]，哥哥做我的辅导老师。这是我人生中一桩恢宏的事业，如同初恋一般炫目。我从没想到，世界上还有如此美妙的东西。在我学会第五公设[37]

之后，哥哥告诉我，这是一条公认难懂的公设，但我学起来却毫不费力。这是我第一次意识到，自己可能还是有些脑力的。从那一刻起，直到我在三十八岁时与怀特海完成《数学原理》为止，数学向来是我的一大爱好，也是我快乐的主要来源。然而，与所有的快乐一样，这种快乐并不纯粹。我受的教育告诉我，欧几里得的确做出了证明，但得知这些证明是从公理推出的，我感到非常失望。刚开始的时候，如果哥哥不能拿出某种理由证明这种推理方法，我就拒绝接受得出的公设，但哥哥却说："你要是不接受这些公理，我们就没法往下讲了。"我希望继续往下学，因此只得暂时接受。当时这种对于数学前提的质疑一直伴随着我，也决定了我后来研究的方向。

刚开始接触时，我觉得代数要比几何难得多，问题或许出在教学方法上。老师要求我死记硬背："两数的和的平方，等于两数平方之和加上乘积的两倍。"我完全搞不懂这句话的意思，在我背不下来的时候，老师就把书往我脑袋上扔，这对我的理解力丝毫起不到刺激作用。然而，一旦度过了入门阶段，余下的学习便顺利起来。小的时候，我喜欢靠显摆知识让新老师对我刮目相看。十三岁那年，我家新来了一位家教，我转起一枚硬币，家教问我："硬币为什么会转？"我回答说："因为我的手指形成了一个力偶。"他问："你对力偶了解多少？""嗨，没有我不了解的。"我故作轻松地回答。奶奶总是担心我太过用功，因此把我的课时安排得很短。结果，我便常常在卧室里偷偷点上蜡烛学习，在寒冷的夜晚，我会穿好睡衣坐在书桌前，只要听到最轻微的响动，我就立马吹灭蜡烛，钻回到床上。我讨厌拉丁语和希腊语，觉得学一门没人使用的语言纯属荒诞。我最喜欢数学，其次是历史。由于没有其他人比较，在很长一段时间里，我都不知道自己和其他男孩相比是好是坏。但记得有一次，我听到罗洛叔叔在前门跟贝利奥尔学院[38]院长乔伊特[39]告别时说："是的，他的表现的确挺优秀。"不知为何，我一听就知道他谈论的是我的功课。一旦意识到自己脑袋灵光，我就下定决心，要尽一切可能在知识领域有一番作为。整个青年时代，我从不允许任何事情阻碍我实现这个抱负。

若说我的童年尽是严肃认真，则完全是一种曲解。我尽情地从生活中发掘乐趣，其中一些乐趣恐怕要落入恶作剧的范畴。我们的家庭医生是一位留着羊排形络腮胡的苏格兰老者，他常常坐着一辆四轮马车来，在病人讲述病情时，马车就在大门外候着。他的马车夫戴着一顶精致的大礼帽，意在宣传他的医术高明。我常会爬上屋顶，把腐烂的玫瑰花蕊从屋顶的排水沟捞出来，扔到大礼帽的帽顶。随着一声悦耳的"啪唧"，花蕊在帽顶上四处飞溅，而我则迅速缩回头，让车夫以为花蕊是从天上掉下来的。有一段时间，我们每年都会和罗洛叔叔一起住上三个月，他有三头奶牛和一头驴子。驴子比奶牛聪明，学会了用鼻子打开田间的栅栏门，但是据说，这头驴子不但不守规矩，而且根本没法骑。我偏不信邪，几次失败的尝试之后，我学会了不用马鞍和缰绳骑驴。驴子又踢又跳，但除了我在它尾巴上系了一罐咔嗒作响的石子那次，它从没有把我甩下来过。那时，我常常骑着驴子漫步乡间，甚至去找沃尔斯利子爵[40]的女儿玩，要知道，她家离我叔叔家有大约三英里的距离呢。

总的来说，我的童年单纯而快乐，我对接触到的大多数成年人都抱有好感。记得我成长到现代儿童心理学中所谓的"潜伏期"[41]时，一个明显的变化开始出现。在这个阶段，我开始喜欢使用俚语，装出一副漠然的样子，还往往拿"男子气概"的一面示人。我开始瞧不起我的家人，这主要是因为他们对俚语极端避讳，且荒谬地认为爬树危险。我事事处处受人限制，这也让我养成了骗人的习惯，一直持续到二十一岁。出于习惯，我会认为对自己正在做的事情还是讳莫如深为好，直到现在也没有完全克服由此产生的隐瞒事实的冲动。每当有人走进我的房间时，我仍想把正在读的东西藏起来，至于自己去过什么地方和做过什么事，我一般都会避而不谈。这种冲动是多年来在各种荒诞禁令中摸索前行的结果，只有凭借一定的意志力才能得以克服。

我的青春期充斥着孤独和不快。无论在情感或智力领域，我都不得不对家人守口如瓶，而这也让他们颇为匪夷所思。当时，我的兴趣投入在性、宗教和数学三个领域。回忆青春期对于性的痴迷，让我感觉很不舒服。虽然不愿重温那些年的感受，但我还是会尽我所能复述事实，而不加以主观的粉饰。关于性知识的启蒙,是我十二岁的时候一个名叫欧内斯特·洛根的男孩跟我提到的,他跟我在幼儿园曾是同学。一天晚上,我俩同睡在一个房间,他跟我解释了交配的概念以及对于生育的作用,还列举了几个有趣的故事。虽然那时我还没有出现生理反应,但还是听得津津有味。当时的婚姻与基督教的迷信有着紧密的关联,但在我看来,自由恋爱是唯一合理的制度(我很肯定,这种认知是在我第一次得知性知识后不久便产生的)。我十四岁时,家庭教师说我不久后就会经历生理上的重大变化。那时,我已经多少能明白他的意思了。

几个月后,提醒我青春期即将到来的那位家教说,男人的胸部叫胸膛,而女人的胸部叫乳房。这句话让我血脉贲张、一脸震惊,而他则挖苦我大惊小怪。我每天的大部分时间,都在渴求一睹女人身体的欲望中度过,我也曾趁女仆换衣服的时候透过窗户偷窥,但却次次都没有成功。我和一个朋友用了一个冬天的时间,挖了一间带一条狭长地道的地下室,得手脚并用才能爬进去,地道的另一头,是一个六立方英尺的空间。我常会引诱一位女佣陪我下到地下室中,在这里亲吻拥抱她。有一次,我问她是否愿意和我一起过夜,她说她宁肯去死,而我也信以为真。另外,她也表达了自己的讶异,说她本以为我是正经人。就这样,这段情事无疾而终。到了这个时候,我已经完全摒弃了青春期前对性爱的理性主义观点,全盘认可并接受了传统视角。我开始变得病态,觉得自己心术不正。与此同时,我对自己的心理状态产生了极大的兴趣,并进行了细致而理智的研究。但我却被告知一切内省都属病态，因此，我把对自己思想和感情的兴趣视为心理失常的另一层证据。然而在两三年的内省之后，我却恍然意识到，既然自省是大量获取重要知识的唯一途径，就不应被谴责为病态。这种领悟，让我在自省的问题上如释重负。

伴随着生理上对于性的痴迷，一种强烈的理想主义情结也随之产生，但当时的我并没有意识到这种情结的根源在于性。我对日落、云彩和春秋的树木之美产生了强烈的兴趣，但这种兴趣是一种对于性的无意识升华，即一种逃避现实的尝试，因此蒙上了一层多愁善感的特质。我广泛地阅读诗歌，从《悼念》[42]这样拙劣的诗歌开始读起。记得到了十六七岁的时候，我便读完了弥尔顿的所有诗作、拜伦和丁尼生的大部分诗作，还阅读了莎士比亚的大量作品。最后，我接触到了雪莱的诗作。遇到雪莱的作品，纯属机缘巧合。一天，我在莫德姑妈丹佛街住处的客厅里等她。我打开雪莱的诗集，恰好翻到《阿拉斯特》一首。在我看来，那是我读过的最美的诗篇。当然，引起我如此爱慕的主要原因，就是这首诗的虚无缥缈。我刚读到一半，姑妈就回来了，因此我只得把诗集放回书架。我问大人是否认为雪莱是位伟大的诗人，却发现他们对他评价颇低。但这并没有妨碍我对他的喜爱，我把所有的业余时间都用来阅读他的作品，而且熟记于心。由于找不到人倾诉自己的所感所思，我常常心想，如果能认识雪莱该有多好，同时也怀疑到底能不能在世间遇到一个如此与我心有戚戚的对象。

我从十五岁时开始相信,生命及物质的运动,都要完全遵从动力学的定律进行,因此,意志对实体不能产生影响。在这个阶段,我习惯把自己的想法用希腊字母记录在一本《希腊文练习册》中。之所以这样做,是因为我生怕别人发现我的心中所想。在这本册子里,我记录了人体是一台机器的理念。成为唯物主义者的进程,本应给我的大脑带来满足,但出于几乎与笛卡尔[43](当时的我只知道他是坐标系的发明者而已)一模一样的理由,我却得出结论,认为意识是不可否认的"材料"[44],因此纯粹的唯物主义并不存在。那是我十五岁时的想法。大约两年之后,我开始相信死后没有生命,却仍然相信上帝,因为"第一因"[45]的论点似乎是无可辩驳的。然而十八岁那年,在入学剑桥前不久,我阅读了《约翰·穆勒自传》,在其中发现了这样一句话,大意是说父亲告诉他,"谁创造了我?"这个问题是无法解答的,因为这个问题马上就会推导出"谁创造了上帝?"这个问题。而这句话,也让我放弃了"第一因"的论点,成为一名无神论者。在长期质疑宗教的过程中,我因渐失信仰而心情低落。没想到在这段时间终于画上句号时,我却为放弃宗教而欢欣鼓舞起来。

在这段时间里,我饱览群书。自学的意大利语,已经足以用来阅读但丁和马基雅维利[46]的作品。我读过孔德[47]的书,但对此人的评价并不高。我读过穆勒的《政治经济学原理》和《逻辑体系》,并细心做了摘要。我怀着极大的兴趣阅读卡莱尔的作品，却完全否认他对于宗教纯粹感性的论证。从那时到现在我一直认为，如果某个神学命题不具有科学命题所需的论据，就不该被接受。我还阅读了吉本[48]的作品，米尔曼[49]的《基督教史》和未删节的《格列佛游记》[50]，书中对于犽猢的描述对我产生了深远的影响，也让我开始通过这个视角来审视人类。

在此必须说明，当时，我的所有这些心理活动都被深深隐藏了起来，在与其他人的交往中不露任何痕迹。在社交方面，我害羞、幼稚、笨拙、安分守己、和颜悦色。看着那些在社交应酬上不知尴尬是何物的人，我心中不无歆羡。有一个叫卡特莫尔的年轻人，我猜他的品行八成有些不端，但我却看到他和一个年轻亮眼的女子走在一起，举止轻松而亲昵，显然很讨她欢心。我认定，自己必然、肯定、绝对一辈子也学不会取悦让我倾心的女性。

就在十六岁生日的前夕，我被送到伦敦老绍斯盖特的一所陆军补习学校，那个区域当时还是乡下。我之所以被送到那里，并非为了参加陆军考试备考，而是预备参加剑桥三一学院[51]的奖学金考试。然而，除了一两个"离经叛道"之人要当神职人员之外，几乎所有的人都是准备参军的。除了我之外，大家都是十七到十九岁的小伙，因此我在那里年龄最小。他们会围坐在一起，讲些淫秽下流的故事，并抓住一切机会讲污言秽语。

尽管我之前也偷偷关注性爱，但如此粗鄙露骨的方式还是让我深感震惊。我开始转向一种非常清教徒式的理念，认为不以深厚感情为基础的性是极其粗俗的。

我很快就意识到，要想逃避他们的注意，唯一的办法就是凡事都坦然自若、和颜悦色。过了一两个学期，又有一个惹人揶揄的男孩来到补习学校，但与我相比，他是个一点就着的人。这样一来，大家也就放过了我。另外，我也渐渐习惯了他们的谈话，不再大惊小怪了。然而，我依然郁郁寡欢。有一条穿过田野通往新绍斯盖特的小径，我常常一个人去那里看日落，默想如何了结自己的生命。然而我并没有自杀，因为我仍然渴望继续探索数学。当然，如果家人知道这种内容的谈话竟会在补习学校大行其道，一定会吓得够呛，但由于数学成绩不错，我大体还是希望能够留下来，因此对家人只字不提学校的风气问题。在补习学校待了一年半后，我在1889年12月参加了奖学金考试，获得了一笔数额不大的奖学金。去剑桥上大学前的十个月，我一直住在家里，补习学校雇了一位家教来给我做辅导。

在这段时间，我与家人之间的分歧越来越大。我们在政治上仍然意见一致，但在其他方面却毫无共同点。起初，我有时还会试着跟他们聊一聊我在思考的问题，但换来的却总是嘲讽，我也因此变得沉默寡言。在我看来，人类的幸福显然应是一切行为的目标，但却惊奇地发现有些人竟然不以为然。我发现，人们会给对于幸福的信仰冠以功利主义之名，并将之简单视为某种平淡无奇的伦理理论。认识到这一点后，我仍然坚持信奉自己的观点，甚至不假思索地向奶奶承认我就是个功利主义者。她对我百般嘲讽，从此之后便老是提出些伦理学上的难题，让我依照功利主义的原则来解决。我感觉到，她并不具备反对功利主义的正当理由，她的驳斥在智识上也站不住脚。在发现我对形而上学产生兴趣时，奶奶告诉我，整个形而上学都可以概括成一句话："什么是心？心非物。什么是物？物非心。"这句话重复了十五六遍后，我就不再觉得好笑了，但奶奶对形而上学的反对态度，却一直持续到她生命的尽头。

记得在我成人之后，有一次，奶奶对我说："听说你又在写书了。"那种口吻就好像是在斥责："听说你又有一个私生子了！"她对于数学虽然并不极力反对，但却很难相信这门学科能派上什么用场。她对我的冀望，是能成为一名"一位论"的牧师。二十一岁以前，我一直对自己的宗教观点守口如瓶。我发现在十四岁以后，如果想捏着鼻子在家继续待下去，唯一的方法就是对我的兴趣全然缄口不提。奶奶谈吐诙谐，虽然表面幽默，但实则充满了火药味。当时的我还不知该如何反唇相讥，只是暗自受伤和难过。我的姑姑阿加莎也一样恶毒，而罗洛叔叔沉浸在第一任妻子去世的悲恸之中，变得阴郁孤僻。我在贝利奥尔学院的哥哥已经皈依佛教，他告诉我，一个人的灵魂可以包裹在最小的信封里。记得我想起了见过的所有最小巧的信封，想象着灵魂如心脏一样透过信封跳动。从与哥哥的谈话中，我得以一窥佛教的神秘莫测，却没能从中找到任何有用的东西。哥哥成年后，我们俩便很少相见，家里人都认为他心术不正，因此他也很少和家人打交道。我下定决心，长大后要在数学领域有所建树，但却从不期待遇到一个能交朋友的人或是能够倾吐心声的对象，更不敢奢求能在一生的任何阶段摆脱这种忧悒的状态。

无论身在何方，**剑桥** 都是 我在世界上唯一能够当成家的 **港湾**

第二章
剑桥岁月

我为何而活：罗素自传
THE AUTOBIOGRAPHY
OF BERTRAND RUSSELL

父亲就读于剑桥大学，而哥哥却在牛津就读。我之所以选择剑桥，是出于对数学的兴趣。我在1889年12月第一次到剑桥，是去那里参加入学奖学金考试的。当时的我住在新庭院的宿舍，羞怯如我，竟然不敢问厕所怎么走，只得赶在每天早上开考前步行到车站解手。我从新庭院的大门里看到后园[1]，但生怕是私人居住区，因此不敢进去。我应邀与校长共进晚餐，在我父亲上学时，他曾是哈罗公学的校长。在席间，我第一次遇到了查尔斯和罗伯特·特里维廉兄弟[2]。罗伯特一如既往地身穿从查尔斯那里借来的二流西装，席间因有人提到外科手术而晕倒。我被如此可怕的社交场合搞得紧张万分，但相比之下，还是几个月前与格莱斯顿先生独处的经历更让人不知所措。那时，他到彭布罗克庄园小住，却没有安排接待的人。由于我是家中唯一的男性，女士们离席后，晚餐桌旁便只剩下我们两人。他自始至终只说了一句话："这波特酒没得说，但为什么要装在波尔多红葡萄酒杯里呢？"我不知怎么回答，只希望地上有条缝能让我钻进去。那种让人如坐针毡的恐惧，我之后再也没有经历过。

我一心希望在奖学金考试中取得好成绩，这种紧张的情绪多少影响了我的发挥。尽管如此，我还是得到了一小笔奖学金，心里面别提多美了，因为这是我第一次与优秀的同龄人一较高下。

我于1890年10月在剑桥入学，从那以后，一切都进展得很顺利。所有当时住在学校并成为我好友的学生，全都在新学期的第一周来找过我。当时我还不知道他们为什么要这样做，后来才发现，负责审批奖学金的怀特海叮嘱大家盯紧桑格[3]和我。桑格与我一样也是大一新生，同学数学，也是小额奖学金的获得者，他和我的宿舍都在休厄尔庭院。我们的导师韦伯[4]有在班里传阅讲义的习惯，而我的任务，就是在读完之后传给桑格。虽然与他素未谋面，但他书架上的书籍还是给我留下了深刻的印象。我说："我看到你有德雷珀[5]的《欧洲智力发展史》，我觉得这本书特别精彩。"他说："你是我遇见的第一个听说过这本书的人！"谈话从这里展开，半个小时后，我们便成了终生至交。我们会对比数学笔记，看看做了多少功课；我们对神学和形而上学看法一致，却在政治上有些分歧（他当时是保守党，但晚年转为工党）。他谈到了萧伯纳[6]，但当时我还没有听过他的大名。我们经常在一起研究数学问题，他解题的速度快得惊人，我还没弄懂问题，他就已经把题目解出了一半。在大学的第四年，我们都选了道德科学，但他的另一门选的是经济学，我则选了哲学。我们同时拿到了学院奖学金。他大概要算这个世界上最善良的人之一，在他生命的最后几年中，我的孩子们对他产生了与我一样深厚的感情。我从未见过有谁能像他一样，将才思敏捷和温柔敦厚完美地集于一身。后来，他成为一名大律师，运用渊博的知识修订了《贾曼论遗嘱》，因此在法律界闻名。他常常哀叹，贾曼的亲戚禁止他在序言中提及贾曼死时没有留下遗嘱一事。除此之外，他还是一位优秀的经济学家，能读的语言多得令人难以置信，像马扎尔语和芬兰语这样的冷门语言也不在话下。我曾跟他一起去意大利徒步旅行，他总会让我和旅馆老板交涉，但在我阅读意大利文时，却发现他的语言知识远远在我之上。桑格于1930年去世，让我悲痛万分。

我在第一学期内结识的其他朋友，大多是由怀特海推荐的。后来我才知道，在奖学金考试中，另一个人的分数比我要高，但怀特海觉得我比他更有能力。因此，他在主考人开会前把试卷烧掉，并选择了优先推荐我。我最亲密的两个朋友是克朗普顿和西奥多。两人的父亲是柯比朗斯代尔教区的牧师，也是柏拉图《理想国》金典版的译者，是一位杰出的学者和广派教会成员，遵循弗雷德里克·莫里斯[7]的理念。他有六个儿子和一个女儿。在七人中，克朗普顿和西奥多是年纪最小的，据说，六个人都靠着奖学金顺利读完了中小学和大学，没有让父亲承担任何费用，我觉得这应该是真的。其中，大多数人长相极其出挑，也包括克朗普顿。他有一双非常漂亮的蓝眼睛，有时闪烁着灵动的光芒，偶尔凝视时又显得如此严肃深沉。几人中最有才华且最受疼爱的是小儿子西奥多。我刚认识他们的时候，克朗普顿和他在学院里合住，两人后来都成了研究员[8]，但都未住校。后来，两人一起搬到威斯敏斯特教堂附近的一条僻静街道，同住在一所小房子里。两人都才华横溢、品格高尚、满腔热血，所持的理想和观点也大体一致。西奥多的人生观要比克朗普顿实际一些，他担任过几任保守党财政大臣的私人秘书，在政府其他成员反对自由贸易的时候，他却说服这些财政大臣接受这一理念。他在工作上非常努力，却总能挤出时间给每位朋友的孩子们送礼物，且每次都送得恰到好处。几乎每一个认识他的人，都对他怀有至深的感情。在我认识的所有女性之中，只有一位不愿嫁给他为妻。但不消说，他唯一想娶的女人却偏偏是她。1905年的春天，也就是西奥多三十四岁那年，他的尸体在柯比朗斯代尔附近的一个水池被人发现，显然，他在去车站的路上曾在那里游过泳。据推测，他一定是在跳水时一头撞在了岩石上。对他感情最深的莫过于哥哥克朗普顿，为此，克朗普顿几乎痛不欲生。西奥多死后的几个星期，我一直和克朗普顿待在一起，但几乎找不到可说的话。看到他心如刀绞的模样，我也跟着揪心。从那以后，威斯敏斯特教堂的钟声总能把我带回这些因悲痛而辗转反侧的夜晚。

我对克朗普顿最早的一段记忆，是在学院一段蜿蜒阶梯最黑暗的角落与他相遇的情景，他什么也没说，就突然把整首《虎》[9]背了下来。在那之前，我还从没听说过布莱克，却被这首诗深深打动，听得我头晕目眩，不得不倚在墙上缓神。几乎每天，我都能想起一些与克朗普顿有关的回忆，有时是他的一个笑话，有时是他因厌恶卑鄙或虚伪做的鬼脸，但我常想到的，还是他那温暖而慷慨的性情。无论在何时受到诱惑、想对诚信有所偏离，只要一想到他的反对，我便会克制住自己。他集机智、激情、智慧、清高、温柔和正直于一身，达到了我见所未见的高度。除了这些之外，在日后的年月里，他那强烈而坚定不移的情感仿佛一只锚，让包括我在内的许多人在分崩离析的世界中寻得安心之所。

入学剑桥之前，我已经对哲学产生了兴趣，但除了穆勒以外，我读的哲学书不多。我的心之所念，是寻找验证数学真实性的证据。我认为，穆勒在《逻辑体系》中关于这个问题的论证非常不充分。而阅读这些论证时，我只有十八岁。我的数学老师从来没有给过我任何证据，让我不至于把微积分视为谬论缠成的乱麻。因此，我有两个问题需要解决，一个是哲学问题，一个是数学问题。其中的数学问题已在欧洲大陆基本得到了解决，但成果在英国大陆却鲜为人知。直到离开剑桥、旅居海外之后，我才意识到自己在那三年间[10]应该学习的知识。而完全相反，在哲学上，还有许多问题有待解决。

在这段时间，我已经完全不像初入剑桥时那样害羞了。记得在搬进学校的几个月前,我去找导师商量住房问题,在接待室等候的时候,我拿起《格兰塔》(当时的剑桥本科校报)翻阅。那时正逢五月庆典周,我大为震惊地读到,在这个星期,大家竟要把精力投入学习之外。然而到了第四学年,我自己也变得开朗而轻浮起来。在读到"泛神论"之后,我便向朋友们宣称我就是上帝。他们在我身旁摆上蜡烛,假装对我顶礼膜拜。总体来说,哲学给了我巨大的乐趣。我也很享受研究伟大哲学家所提供的审视世界的奇思妙想。

在剑桥,我最快乐的时光都与一个社团相关,这个社团被成员称为"座谈社",但对社团有所耳闻的外人则称之为"使徒社"[11]。这是一个小型辩论社,平均每个年级有一两个人入会,每个星期六晚上聚会。这个社团创立于1820年,从那时起,剑桥的大多数杰出知识分子都入过会。为避免被考虑入会的人选听到风声,组织的方式非常隐秘。通过座谈社,我很快就结识了一群最值得认识的人,因为怀特海也是社团成员,曾经为研究员论文一事让年纪较轻的会员对桑格和我进行过调查。除了极少数例外,所有的成员都曾是彼此的亲密好友。我们在讨论时所遵循的原则是,不应有禁忌,不应有限制,不应对任何事情大惊小怪,可以没有障碍且绝对自由地进行任何推论。我们会讨论各种各样的话题,虽然难免青涩,但那种超然和热情,在日后的生活中几乎再也无法复制。会议一般在凌晨一点钟左右结束,此后,我会和另外一两个成员在内维尔庭院的回廊里踱来踱去,一走就是几个小时。我们可能把自己看得过重了些，视捍卫对知识的诚实之美德为己任。毫无疑问，我们在这方能取得的成绩要比世界上大多数人都要多，而我倾向于认为，剑桥最优秀的人才在此领域表现尤为突出。我是在第二学年的年中被选入会的，当时我虽然对所有社团成员都很熟悉，却对这个社团的存在浑然不知。

初识凯恩斯，是通过他的父亲。我小的时候，凯恩斯的父亲曾在剑桥教授老式的形式逻辑课，我不知道这门学科的新近发展让他的教学产生了多大的改变。他坚决不信英国国教，而是把道德放在第一位，把逻辑放在第二位。他的儿子秉承了一些这种不信奉国教的精神，但他意识到事实和论证可能会推出让大多数人震惊的结论，因此便对这种精神加以掩饰。而智识上高人一等的品性，也让他并不觉得发表些让中产阶级惊骇的言论有何不妥。在《〈凡尔赛和约〉的经济后果》一书中，他将这种品性暂时搁置。他深信《凡尔赛和约》会招致灾难，这一信念燃起了他心中那位虔诚道德家的热忱，让他把自己的聪明才智放到一边。然而，他的聪明才智却从未被掩盖。

凯恩斯常常工作过度，而他的离世也正是操劳的结果。1904 年的一段时间，我住在一栋坐落于广袤荒野之中的农舍里，那里位置偏僻，连道路也没有。他写信问能否让他来度过一个宁静的周末，我欣然答应，他也如约而至。然而他前脚刚到还不过五分钟，副校长就后脚带着一大堆校务跟来。每次用餐时，都有人不请自来，连星期日的早餐都有六人前来拜访。到了星期一的早上，我们已经接待了二十六名"不速之客"，凯恩斯离开的时候,八成比他刚来时更加疲乏。1914年8月2日是一个星期日,我看到他步履匆匆地穿过三一学院的巨庭,便问他为什么这么风风火火,他说想借妹夫[12]的摩托车去伦敦。"你为什么不坐火车去?"我问道,他只答了一句:"来不及了。"我不知道他去伦敦做什么,但没过几天,被制造恐慌的人哄抬至10%的银行利率便降到了5%:这就是他的功劳。

我对经济学了解不多,因此没法对凯恩斯的理论发表专业意见,但就我所能判断的来看,英国近年来之所以没有出现大规模的失业,凯恩斯应该功不可没。进一步来说,如果他的理论能被世界各地的财政当局采纳,大萧条就不会发生。在美国,仍有许多人认为大萧条是一场天灾。但我认为凯恩斯已经证明,这种事件的发生并不是天意使然。

我们最后一次见面是在上议院,当时,他刚从美国谈妥了一笔贷款,发表了一篇精彩的演讲向议员们进行推介。这些人事先大多对这笔贷款存疑,但听完他的演讲之后,除了比弗布鲁克勋爵和我的两位向来喜欢充当少数派的表兄弟之外,所有人的疑虑都被打消。刚刚横跨大西洋返英便去游说,他付出的巨大努力可想而知,但事实证明,这种努力已经超出了他的承受范围。

在我认识的所有人之中,凯恩斯的智识是最敏锐和最清晰的。与他争辩时,我感觉就像是在作茧自缚,一番唇枪舌剑之后,往往觉得自己智不如人。我有时难免感觉太过聪明的人一定无法兼顾思想的深刻，但他让我看见，这种感觉并无依据。

到了星期天，我们习惯晚些吃早饭，然后一直散步到晚饭时分。就这样，我逐渐熟悉了剑桥十英里以内的每一条大道和小径，足迹甚至遍及许多更远的路。总的来说，我在剑桥的时光是快乐且相对平静的，但月光皎洁的夜晚，我常处于一种临时的精神错乱状态，失控般地在乡间狂奔。当然，这是性欲作祟的结果，但当时的我还不懂这些。

剑桥在我的一生中意义重大，因为我在这里结识了好友，也体验到了理性辩论的滋味。然而，母校在学术上给予我的指导却并不重要。关于数学方面的教学，我在前文已有阐述。在我看来，我学到的大部分哲学知识都是错误的，因此在毕业后花了许多年的时间，逐渐摒弃在学校养成的思维习惯。对知识的诚实是我在学校里养成的一个真正有价值的思维习惯，秉承这一美德的不仅包括我的朋友，也包括我的老师。我不记得有任何一位老师因为被学生指出错误而怀恨在心，却记得有不少学生都敢于直言。一次，在一堂讲流体静力学的课上，一个年轻人打断老师说："您是不是忘记考虑作用在盖子上的离心力了？"老师倒吸了一口气，然后回答道："我在过去的二十年里一直都是这么讲这个知识点的，但你说得没错。"在第一次世界大战期间，我发现对知识的诚实即便在剑桥也有其局限性，这对我来说无异于一个打击。但在那之前，无论身在何方，我都感觉剑桥是我在世界上唯一能够当成家的港湾。

039

在这个

被人们百般蹂躏的
世界上,

怎会存在
如此的美好

第三章
坠入爱河

我为何而活：罗素自传
THE AUTOBIOGRAPHY
OF BERTRAND RUSSELL

1889年夏天，我和罗洛叔叔住在他位于欣德黑德山坡上的家中。一个星期天，他带我出去远足，沿着芬赫斯特附近的弗莱迪山往山下走的时候，他对我说："这儿的房子里搬进了新住户，我们应该去拜访一下。"我因为害羞而不愿拜访，恳求他千万不要留下吃晚饭。他嘴上答应，但还是留了下来，我其实也很开心。我们得知，这家人来自美国，姓皮尔索尔·史密斯，家有上了年纪的父母[1]，已婚的大女儿[2]和她的丈夫科斯特洛，小女儿在布林莫尔学院[3]上学，正好回家度假，还有一个在贝利奥尔学院上学的儿子[4]。父亲和母亲在年轻时都是著名的福音传教士，但父亲被人看到与一位年轻女子接吻，由此而起的丑闻让他失掉了信仰。而那位母亲年事已高，无法承受这种让人身心俱疲的生活。女婿科斯特洛头脑机敏，是位激进派，也是伦敦郡议会的成员。我们吃晚饭的时候，他刚从伦敦回来，带来了正在进行的码头工人大罢工的最新消息。这次码头工人罢工标志着工会主义[5]前所未有地向基层渗透，意义重大,引起了诸多关注。我目瞪口呆地听他讲述着议会正在采取的举措,感觉自己与现实是如此靠近。那位就读于贝利奥尔学院的儿子张口闭口都是华丽的名言警句,带着一种无所不知的傲慢轻蔑。尤其吸引我的,却是那位在布林莫尔读书的女儿。她比我认识的任何年轻女性更加崇尚自由,曾独自横渡大西洋赴美留学。而且我很快就发现,她是沃尔特·惠特曼[6]的密友。她问我是否读过一本叫《埃克哈德》的德国小说,说来也巧,当天早上我刚刚读完这本书,感觉这简直是命运的神来之笔。她温柔善良,让我不再羞怯。我对她可谓一见钟情。那年夏天,我再也没有见过他们一家人,但在之后的几年中,每到我和罗洛叔叔同住的三个月,我每个星期天都要走四英里的路到他们家吃午饭,然后留下吃晚饭。晚饭后,他们便在树林里生起篝火,围坐在一起唱起黑人圣歌,当时,这种歌尚未传播到英国。那时的美国于我就像于歌德一样,仿似一片浪漫的自由之地。我发现,在这个家庭中,并不存在我们家给我重重束缚的大堆偏见。最让我感觉如鱼得水的,要数他们不囿于社会规则的自由。

随着时间的流逝,我对那位未婚女儿爱丽丝的感情越来越深。她不像哥哥洛根那样轻佻,也不像姐姐科斯特洛夫人那样不负责任。在我看来,她具备了我摒弃彭布罗克庄园生活的影响、至今仍然珍视的淳朴善良,且不掺杂清高和偏见。我不知道她在我成人之前能否一直不嫁,因为她比我大五岁。虽然希望渺茫,但我越发认定,如果她到时仍未婚,我就要向她求婚。记得有一次，我与她和她的哥哥一起开车去利斯山拜访沃恩·威廉姆斯[7]法官，法官的妻子戴着伊丽莎白时代的皱领，在其他方面也显得很古怪。在路上，他俩先是引诱我承认相信一见钟情，然后又取笑我如此多愁善感。我心里很是委屈，因为当下时机还不成熟，没法吐露相信一见钟情背后的原因。我意识到她并非奶奶所说的淑女，但却觉得她很像简·奥斯汀笔下的伊丽莎白·贝内特[8]。从她的心态中，我感受到了一种令人喜爱的开明与豁达。

我于1893年5月正式成年[9]，从那一刻起，我与爱丽丝的关系便不再是可望而不可即的爱慕。在接下来的一个月里，我在剑桥大学的数学荣誉学位考试[10]中获得甲等及格者第七名的成绩，在法律和经济上都获得了独立。爱丽丝和一位表亲一起来到剑桥，我从没有这么多的机会与她一起畅谈。暑假期间，她又带着那位表亲来剑桥找我，等表亲离开后，我说服她又留了不到一天的时间。我们到河边去，讨论离婚的话题，比起我来，她对离婚要更为支持。从理论上讲，她是自由恋爱的倡导者，在这一点上，虽然我自己的观点要更加严苛，但仍觉得她值得钦佩。她第二次到访剑桥的经历让我再也按捺不住激动的心情，开始定期与她通信。当时，因为奶奶和阿加莎姑姑跟罗洛叔叔的第二任妻子合不来，我便不再去黑斯尔米尔过暑假。但在9月13日，我还是专程赶赴弗莱迪山，在那里待了两天时间，那两天的天气温暖宜人，一丝风也没有，清晨时分，山谷里雾气朦胧。我记得洛根曾经取笑雪莱在诗中用过"金雾"两字,而我则反过来取笑了洛根一通,说当天清晨确实出现了金色的雾,不过是在他睡醒之前。我和爱丽丝约好早餐前出去散步,因此起了个大早。我们在山上的一片山毛榉林中坐下,那儿的景色简直美得出奇,有如一座早期的哥特式大教堂,举目透过四面的树枝眺望,远处的美景尽收眼底。早晨清新的空气中弥漫着点点露珠,我不禁想到,或许人世间的确存在着幸福。但当我们在林中坐下时,羞怯却让我只敢蹑手蹑脚地试探。直到吃过早饭,我才怀着一腔的踟蹰和恐惧,按照当时的惯例明确提出了求婚的请求。她既没有接受,也没有拒绝。我根本没想过要吻她,甚至没想到去牵她的手。我们商定继续见面和通信,把决定交给时间。所有这一切都发生在户外,等我们终于进屋去吃午饭时,她发现亨利·萨默塞特夫人[11]来了一封信,邀请她参加芝加哥世界博览会帮助宣传禁酒。当时,这种美德在美国的普及还不够。爱丽丝从母亲那里继承了对于严格禁酒的强烈信仰,得到这个邀请也自然非常兴奋。她得意扬扬地把信的内容念了出来,并欣然接受了邀请,这让我顿感自己无足轻重,因为她这一走就是几个月的时间,说不定还有机会展开一段有趣的职业生涯。

回到家后,我把发生的事情讲给家人听,他们的反应尽是些刻板老套之辞。他们说她不是个淑女,是个诱骗孩子的女人,一个下等的投机者,一个玩弄涉世未深的我的阴险女人,一个不懂得美好情感的人,一个会让我永远蒙辱的娼妇。但我从父亲那里继承了大约两万英镑的财产,因此根本不理会家人说的话。我和家人的关系变得剑拔弩张，直到我婚后也仍然如此。

在此期间，我有一本能上锁的日记本，并小心藏起，不让任何人看到。在这本日记里，我记录了与奶奶之间关于爱丽丝的谈话，以及我对这些谈话的感受。不久之后，我拿到了父亲的一本日记，其中的部分内容是用速记法记录下来的（显然是为了保密）。我发现，他向母亲求婚的年龄与我向爱丽丝求婚的年龄完全相同，奶奶对他说的话也与对我说的话几乎别无二致，而他在日记里记录的感想与我在日记里的记录也一模一样。这让我产生了一种不可思议的感觉，仿佛我过的不是属于自己的生活，而是在重历父亲的生活，也让我不禁对遗传学产生了某种迷信。[12]

虽然我深深坠入爱河，却并没有渴望在身体上发生任何关系。一天晚上我做了一个性梦，梦里的爱情越过了纯粹精神的界限，让我深感爱情遭到了亵渎。但之后，该发生的事情自然发生，问题也迎刃而解。

接下来的重要事件发生在1894年1月4日，那天，我从里士满到位于格罗夫纳路44号的爱丽丝父母家去看望她。那天下了一场暴雪，整个伦敦都覆盖在约有六英寸厚的积雪下，我不得不从沃克斯霍尔徒步跋涉前行。大雪带来了一种与世隔绝的奇妙感，让伦敦显得如此宁谧，仿似一座孤零零的山顶。就是在这天，我第一次吻了爱丽丝。在此之前，我唯一的经验就是在前文提到的与女佣的密会，我怎么也没能预见，亲吻一个我所爱的女人会是如此令人心醉神迷。虽然她仍说还没有下定决心要不要嫁给我，但除了吃饭时间外，我们一整天都在亲吻，从早到晚，除了我偶尔大声朗读几句《灵魂的分身》[13]之外，我们几乎没有说过一句话。我冒着暴风雪从车站走了一英里半的路，很晚才回到家，虽然身体疲惫，但精神却亢奋不已。

我在剑桥的下一个学期期间，爱丽丝的感情起伏不定。有的时候，她似乎满心想要嫁给我，有时却一心想要保持自己的自由。在此期间，我必须努力用功，因为还有不到一年时间，我就要参加道德科学第二部分的荣誉学位考试了。然而，无论情路顺风顺水还是磕磕绊绊，我都不觉得这对我的专心学习有任何影响。复活节假期来临时，我和莫德姑妈先去了罗马，与我那位有蒙席[14]荣衔的叔叔住在一起。从那里，我又去了巴黎，洛根在那里有一套公寓，他的妈妈和爱丽丝就住在附近。这是我第一次体验美国艺术学生在巴黎的生活，在我看来，一切都是那么自由而愉快。记得在一次舞会上，爱丽丝穿着罗杰·弗莱[15]设计的礼服盛装出席。也记得，她曾带我去卢森堡博物馆看印象派画家的画，试图向我植入些文化细胞，到头来却是白费苦心。我还记得一天晚上，我们在枫丹白露附近的塞纳河上泛舟而行，爱丽丝与我并肩而坐，而洛根则不停地搬弄着他那固执古板的学识，喋喋不休了整夜。我回到剑桥后，詹姆斯·沃德[16]严肃地找我谈话，说我本应留在英国读书，却把最后一个假期浪费在了欧洲大陆上。然而，我并没有把他的话当回事，而是考出了一等优秀的成绩。

大约在我结束荣誉学位考试的时候，爱丽丝同意与我订婚。我的家人们本来就一直反对这桩婚事，听到这个消息，便更觉得非要大举干预不可。但他们没法控制我的行动，对于爱丽丝性格的苛责自然也仍然毫无收效。尽管如此，他们还是找到了一样差点让他们得逞的武器。我们的家庭医生，也就是那个留着羊排形络腮胡的苏格兰老人，开始跟我传递起我早就对家族史有些怀疑的信息：我的威廉叔叔是怎么疯的，我的阿加莎姑姑如何因为精神错乱的妄想而不得不取消婚约，我的父亲又是怎么罹患癫痫的（从后来的医学权威告诉我的信息来看，我觉得父亲的癫痫可能是误诊）。在那个时期，自诩科学家的人们往往对遗传学抱有一种迷信的态度，人们当然没有意识到，从很大程度来说，许多精神障碍都是恶劣的环境和愚昧的道德教育的结果。我开始逐渐认为，自己似乎注定要走向悲惨的命运。我读了易卜生的《群鬼》[17]和比昂松的《库尔茨的家产》[18]。爱丽丝有个性格古怪的叔叔。我的家人们不住地强调这些信息，几乎要把我逼疯，然后又说服我们咨询最权威的医学建议，看看如果我们结婚，孩子是否有可能精神不正常。而所谓最权威的医学建议，是我的家人提前交代给家庭医生，又由家庭医生提供给我们的，该建议严正宣称，从遗传的观点来看，我们不应该要孩子。在家庭医生位于里士满的家中接到这个裁决后，我和爱丽丝在里士满格林一边散步一边讨论这个问题。我非常想要孩子，加上听信了医生的话，因此赞成解除婚约。爱丽丝说她并不是非常想要生孩子，赞成结婚，可以不生育。经过了大约半个小时的讨论，我改变想法，同意了她的观点。就这样，我们宣布打算结婚，但不要孩子。现在，只有罗马天主教徒才会将节育视为大忌，但在当时，这种观点却非常普遍。我的家人和家庭医生简直气得发狂。那位家庭医生郑重向我保证，根据他的医疗经验，他确信使用避孕药具几乎会毫无例外地对健康造成严重损害。我的家人从旁暗示，导致我父亲患上癫痫的就是避孕药具。长吁短叹、声泪俱下、呻吟埋怨和阴郁的恐惧如浓雾般笼罩，压得人几乎喘不过气来。父亲患有癫痫病，姑姑患有妄想症，叔叔又患有精神病，这样的发现让我惊恐万状，因为在那个年代，人人都迷信精神疾病会遗传。我虽然对此也有些同感，但并没有确切的佐证。1894年7月21日（我后来得知，这一天是爱丽丝的生日），我梦到我的母亲没有死，而是疯了。因此，就如我在下文中的种种考量，我认为自己有不结婚的义务。即便在得知事情的真相后，我仍难以摆脱恐惧，直到事情过了很久，我才将这篇日记向包括爱丽丝在内的其他人公开。

7月20日至21日（1894年）午夜。

今晚是我梦到爱丽丝的一周年纪念日，也是她的生日。这真是个奇妙的巧合，加之梦中大部分内容都成了现实，更加让我感觉难以置信。我向来迷信，而幸福更加坚定了我的迷信，为一个人如此魂牵梦绕，这真是一种可怕的感觉。除了与她有关的事物之外，什么都对我毫无价值。甚至连我的事业，我对美德的追求，我的才智（尽管不足挂齿），还是我所享有或是希望得到的一切，我都不惜赠送给她，聊以表达我对她难以言喻的一腔深情。我沉浸在幸福中，这是一种超凡脱俗的幸福。最神奇的是，我仍然可以肯定：谢天谢地，我的热情中没有一丝情欲。然而，就在我最幸福的时候，当快乐纯粹到极点的时候，却似乎超越了临界点，骤然沦为对于失去的恐惧。这是因为，建立在如此脆弱和不稳定基础上的东西，是非常容易失去的！我在她生日那天所做的梦，后来发现家人果真如那个梦里一样对我的欺骗，他们一次次地严肃警告，大多数家人都遭遇过且被我逐一发掘出的无望而无解的悲剧，还有那如噩运般永远笼罩于彭布罗克庄园的乌云，无论我如何努力克制，但每次回到这里，这股阴郁都能入侵我灵魂的最深处，将爱丽丝的爱所带来的快乐也侵蚀掉。所有这一切，与我对遗传病的恐惧融合在一起，沉重地压迫着我的心灵。这一切让我感觉这个家族仿佛蒙上了噩运，我徒劳地与之抗争，想要逃到在他人眼中本应是与生俱来权利的自由之中。最糟糕的是，这种恐惧也不可避免地殃及到了爱丽丝。我感觉，黑暗仿佛是我天生的属性，在残酷命运的迫使下，我非但没能走向光明，还将她拖回到我已爬出一半的深渊。我不知命运会选择突然的重击还是长期的苦熬，来耗干我们的精力、摧毁我们的爱情；但是我无时无刻不被家族的恶鬼所带来的恐惧困扰，它似乎用那冷黏的无形之手将我攥住，报复我对它幽暗传统的背弃。

所有这些感觉当然都是庸人自扰，纯属吃了巧克力蛋糕和熬夜之过。然而，这些感觉也仍然是真实存在的，只需稍作伪装，便会对我发起猛烈的进攻。在一段时间内，我必须尽量避免去看望彭布罗克庄园的家人，尽管这对他们来说必然是痛苦的，否则，我真的要为自己的精神健康担心了。对我来说，彭布罗克庄园就像是一间家族墓室，被精神错乱之人的魂灵所占据，鉴于最近从安德森医生那里了解到的信息，更让我坚信这一点。感谢上帝，我自己的家中仍充满了光明和健康，尤其是我的爱丽丝。只要我能把彭布罗克庄园和那里留给我的可怕传承抛之脑后，我便能远离不祥的预感，全然沉浸在彼此的爱情带来的纯粹快乐之中，这种快乐是如此伟大而神圣，以至于我仍不敢相信，在这个被人们百般踩躏的世界上，怎会存在如此的美好。唉，我是多么希望这一切最终能够给她带来快乐，而不是让她进一步认识到人生的艰辛以及深重的苦难。但可叹的是，这股势头已经开始了。

那时产生的恐惧一直在潜意识里困扰着我。从那以后，我一直受到血腥噩梦的困扰，梦见自己被人谋杀，凶手往往是个疯子，而这种噩梦，在之前是从未有过的。我会大声尖叫，有一次，我在梦中以为自己是在面对凶手自保，惊醒时才发现险些把妻子掐死。

多年以来，同样的恐惧也让我对任何深刻的情感避而远之，尽可能地过着一种浮于表面的理智生活。幸福的婚姻逐渐为我带来了精神上的稳定，在日后经历新的情感风暴时，我发现自己已经具备了保持理智和清醒的能力。这虽然驱散了我显意识中对于精神错乱的恐惧，但潜意识的恐惧却仍然挥之不去。

我和爱丽丝找到了另一位医生，他轻轻松松地打包票，说自己已经使用避孕药具多年，并没有出现任何可怕的不良影响，不结婚简直太愚蠢了。至此，我对于两人未来的忐忑不安才被打消。因此，不顾家中的两代人的震惊，我们还是选择了成婚。事实上，我们在结婚两年之后便得出结论，那些咨询过的所谓医疗权威纯属满口胡言，而事实也当然如此。我们还决定，只要有可能，我们就要孩子。但我们后来发现爱丽丝不能生育，因此之前的骚动，完全是庸人自扰。

这场闹剧落下帷幕之后，我到弗莱迪山和爱丽丝的家人同住，安顿下来后，我开始着手一篇研究员论文的写作，主题为非欧几何。我的家人几乎每天都给我写信，大谈"你选的这条路"，但我很清楚，如果听信他们，我就非被逼疯不可,而爱丽丝则是我维持清醒的源泉。就这样,我们的关系越来越亲密了。

爱丽丝和我于1894年12月13日结婚。在订婚期间,我们经常就基督教的问题争论,直到结婚几个月后,我才成功扭转了她的看法。

除此之外,在婚后,她对其他问题的看法也发生了转变。和那个时代的美国女性一样,她所受的教育让她认为性爱是肮脏恶劣的,所有的女性都厌恶性爱,认为男性的野蛮欲望则是婚姻幸福的最大障碍。因此她认为,夫妻只有在想要孩子的时候才应该性交。由于我们已经决定不要孩子,她不得不扭转在这一问题上的立场,但仍觉得对性生活的需求应该少之又少。在这件事上,我没有与她争辩,也觉得没有这个必要。

新婚之时,我们都没有任何性生活的经验。不消说,就像许多其他没有性经验的夫妻一样,我们也在刚开始时遇到了一定的困难。我听很多夫妻表示,这个问题给两人的蜜月制造了不少障碍,但我们倒不致如此。这些障碍在我们看来反倒滑稽好笑,而且很快就被克服了。但我记得,在结婚三个星期后的一天,受性疲劳所扰的我对她心生恨意,不明白自己为什么要娶她。这种心态在我们从阿姆斯特丹到柏林的旅途中一直萦绕心头,在此之后便再也没有出现过。

我们决定在婚后的最初几年多到其他国家游览,因此,1895年的头三个月,我们是在柏林度过的。我在那里上大学,主修经济学[19]，同时继续完成我的研究员论文。我们每周去听三次音乐会，开始结识社会民主党人，在当时，他们的名声非常狼藉。英国驻德国大使的妻子埃米恩特鲁德·马雷夫人是我的表姐，因此我们会受邀到大使馆吃饭。大家都表现得很热络，专员们都表示回头会来家里拜访，但谁也没有兑现承诺，我们去大使馆时也碰不着人。在很长一段时间里，我们对此几乎毫无察觉，直到最后才明白，这是因为爱丽丝曾向大使提到我们参加过社会民主党人集会一事。这是我们从马雷夫人写给我奶奶的信中得知的。尽管我的奶奶对爱丽丝有诸多偏见，但在这件事上却完全站在她的一边。首先，这是一个涉及公共政策的问题，在所有公共政策问题上，她和我的阿加莎姑姑都绝不会支持自由主义。

在这段时间里，我在智识上的抱负逐渐成形。我决定不从事任何职业，而是致力于写作。还记得初春一个料峭而晴朗的日子，我一个人在蒂尔加滕公园散步，为将来的工作做计划。我想写一系列关于科学哲学的书籍，涵盖从纯数学到生理学的内容，再写一系列关于社会问题的书。我希望这两个系列最终能组成一个综合科学和实践的并集。从很大程度来说，这个计划是黑格尔思想启发的产物，不过在后来的几年里，我的确在某种程度上遵循了这个计划，至少是在条件允许的情况下。就我的人生使命而言，这是一个决定性的重要时刻。

春天来临时，我们来到菲耶索莱，住在爱丽丝的姐姐家，当时她住在一座小别墅里，贝伦森则住在隔壁的另一座小别墅。离开她家之后，我们继续沿着亚得里亚海海岸旅行，在佩萨罗、乌尔比诺、拉文纳、里米尼、安科纳等地驻足。这要数我一生中最快乐的一段时光。意大利、春日和初恋融合在一起，足以给最忧郁的人带来快乐。我们常在海里裸泳，然后躺在沙滩上晒干，但这多少算是一项危险的活动，因为不时会有警察出现，查看是否有人违反盐税条款，直接从海里取盐。所幸的是，我们从没被人抓住。

我的研究员论文必须在 8 月完成，到了这时，认真思考论文的事宜变得越发迫在眉睫，于是，我们在芬赫斯特定居下来，我也第一次品尝到了严肃创作的滋味。充满希望和绝望的日子更替交叠。终于完成论文的写作时，我坚信自己已经解决了几何基础涉及的一切哲学问题。而当时的我还不知道，创作所带来的希望和绝望都是假象，因为作品绝不会像创作不顺的日子里那么糟糕，也不会像创作顺利的日子里那么精彩。怀特海和詹姆斯·沃德都阅读了我的论文，因为内容既涉及数学，又涉及哲学。在结果公布之前，怀特海对我的论文进行了相当严厉但也很中肯的批评，让我觉得这篇论文一无是处，不必等待结果公布了。但出于礼貌，我还是去拜访了詹姆斯·沃德，谁知他的评价却与我的预期大相径庭，简直把那篇论文捧上了天。第二天，我得知自己被选为研究员，怀特海笑着告诉我，这可能是别人在我的论文里大挑漏洞的最后一次机会了。

伴随着第一次婚姻，我也进入了一段生活幸福美满、工作硕果累累的时期。少了情感上的困扰,我所有的精力全都投入了脑力工作。在结婚的头几年里,我广泛阅读了数学和哲学方面的书籍。我完成了一定的创作,为日后的其他工作打下了基础。我到国外游历,趁着业余时间阅读了大量的严肃著作,主要专注于历史领域。晚饭后,我和妻子轮流大声朗读,就这样吃力地啃完了好几卷组成的权威历史巨著。记得我们用这种方式读过的最后一本书,应该是格雷戈罗维乌斯[20]的《中世纪罗马城的历史》。从智识层面来说,这是我一生中收获最丰富的时期,我应该好好感谢我的第一任妻子,是她让这一切成为可能。起初,她并不乐意在乡间安静地生活,但为了工作,我决心已定。我从妻子和我的工作中汲取了足够的快乐,对其他东西别无所求。但事实上,我们每年通常只有一半的时间能在乡下平静度过。即便在那段时间里,她也要经常外出发表关于妇女投票权或完全禁酒的演讲。为了讨她的欢心,我发誓滴酒不沾,在最初的动机不再对我具有驱动力之后,出于习惯,我仍然滴酒不沾。直到第一次战争期间国王宣誓戒酒[21],我才开始喝酒。国王戒酒的动机是为了杀死更多的德国人,如此说来,和平与酒精之间必然存在着某种关联。

与日后相比,当时的我是个神经高度紧张的人。我在伦敦政治经济学院讲课时,我和妻子住在阿什利花园90号的一套公寓里,但因为电梯的噪音,我没法在那里工作,因此每天都要步行到岳父岳母位于格罗夫纳路的住处,专心阅读格奥尔格·康托尔[22]的著作，并把书中的精髓摘抄在笔记本上。那时，我曾误认为他的所有论点都是错误的，但还是进行了周详的研究。后来，我发现其实所有的错误都出在我自己身上，也因此而受益良多。

春天来临的时候，我们在芬赫斯特租了一小幢名叫"米尔汉格"的农舍，在那里加盖了一间非常宽敞的起居室和两间卧室。我一生中最快乐的时光，都是在这幢小屋里度过的。我学到了许多感兴趣的知识，创作也超乎想象地获得了专家们的好评。在大学读本科的时候，我完全没有料到自己拥有日后这样优秀的能力。记得我曾经幻想过自己能否写出像麦克塔格特[23]一样优秀的作品，但在那时，这个想法显得那样遥不可及。在我第一次婚姻的最初几年里，怀特海逐渐从良师变成了益友。1890年，还是剑桥大学新生的我听了他关于静力学的讲座。他让全班学习课本上第三十五条的内容，然后转过来对我说："你不需要学，因为你已经懂了。"这是因为我曾在十个月前的奖学金考试中完整引用了这一条，老师居然会对这种细节了然于胸，让我对他顿生好感。

在英国，人们仅仅将怀特海视为一位数学家，直到他去了美国，人们才发现他的哲学才能。我们所持的哲学观点不同，因此无法再像以前一样合作研究，而且在他去了美国之后，我们见面的次数也自然少了许多。在第一次世界大战期间，他完全不同意我的和平主义立场，我们也由此分道扬镳。对于我们在这个问题的分歧，他要比我宽容得多。我们的友谊因为这些分歧而越发疏远，从很大程度来说，责任在我而不在他。

在一战最后的几个月里，怀特海年仅十八岁的小儿子[24]在战场遇难。这给他带来了无比沉痛的打击，凭借坚毅的道德自律，他才能得以继续自己的工作。从很大程度来说，丧子的痛苦经历与他在哲学思想上的转变有着密切的联系，也促使他寻找方法，摆脱纯粹机械论的宇宙观。他的哲学晦涩难懂，其中有许多理念我始终无法理解。他一直认同康德的理念，而我则不敢苟同。在开始发展自己的哲学时，他受到了柏格森[25]的巨大影响。他认同宇宙的统一性，认为只有通过这个观点进行的科学推理才是正确的。而我的性情却让我朝着截然不同的方向进行探索，但我也不认为仅凭理性就能判断我们两个谁更接近真理。那些倾向怀特海观点的人可能会说，他的目的是给普通民众带来安慰，而我却意在搅得哲学家不得安宁；但赞成我观点的人可能会反驳说，虽然他能让哲学家的日子好过些，而我却给普通民众带来了谈资。不管怎样，我们两人虽然在工作上分道扬镳，但感情却维系到人生的尽头。

怀特海是一位难能可贵的老师。他对那些必须打交道的人很感兴趣，并且了解他们的长处和短处。他能够最大限度地激发学生的潜能，既不压制、讽刺，也不高高在上，更没有任何低劣的教师爱用的伎俩。我认为，在与他有过接触的年轻人中，所有能力较强的人都在他的启发下对他产生了一种极其真挚持久的感情，我也是其中之一。

我关于德国社会主义的讲稿于1896年出版。这是我的第一本著作，但因为我已经决意投身于数学哲学，因此对这本著作没有投入太大兴趣。我重新改写了自己的研究员论文，被剑桥大学出版社接受，并于1897年以《几何学基础论文》为题出版。后来，我觉得这本著作太偏康德主义，但我的第一部哲学著作没有挑战当时的正统学说，这有益于我的名声。当时学术界有一股风气，将所有康德的批评者都贬低为不理解康德的人，而反驳这种批判则被视为赞同康德的观点，成了一种优势。就这样，这本著作受到了远超实际的高度赞扬。从那时开始，我每出一本著作，众多学术评论家都会评价我在走下坡路。

1896年秋天，我和爱丽丝到美国待了三个月，主要是为了让我见见她的亲戚。那时候的美国还是一个天真得出奇的国家。许多人都会让我解释奥斯卡·王尔德[26]到底犯了什么事。在波士顿，我们住在一家由两位贵格会老妇人经营的寄宿房，早餐时，其中一位从桌子另一头大声问我："奥斯卡·王尔德最近不怎么在公众面前露面，他在做什么呢？""他在监狱里。"我回答。还好，她没有继续追问他是因为什么入狱的。在那些日子里，我怀揣着英国人自负的岛国优越感，看不起美国。然而，通过与以数学家为首的美国学者的接触，我却意识到德国在几乎所有学术问题上都要超越英国。我原本以为一切值得了解的知识都能在剑桥学到，虽然不情愿，但在旅行过程中，我逐渐打消了这个理念。从这个方面来说，这次的旅行让我获益匪浅。

1899年秋，布尔战争[27]爆发。当时的我是个自由帝国主义者[28]，最初绝非亲布尔派。英军的失败让我满心焦虑，脑子里除了战争新闻，什么也装不下。当时我们住在米尔汉格农舍，几乎每天下午，我都要走四英里的路到车站买晚报。爱丽丝是美国人，对这场战争没有同感，反倒恼火我满脑子都是这件事。当布尔人逐渐显示出战败之势时，我的兴趣也逐渐淡去，到了1901年初，我成为亲布尔派。

1900年，我关于莱布尼茨[29]哲学的著作[30]出版。那年7月，我去了巴黎，在那里揭开了人生新的篇章。

萨里郡里士满

彭布罗克庄园

1894年9月1日，晚九点

亲爱的爱丽丝：

现在我又回到了家，终于有时间写长信了，今天晚上，我觉得我仿佛可以永远写下去：因为这个地方让我多愁善感，思绪万千。去年9月的情景历历在目，让我觉得仿佛所有的课业仍然摆在我的眼前。今天我外出坐在喷泉旁，回想起曾在那里度过的漫长而孤独的岁月，我沉思，我期待，却几乎不敢抱什么期待。从你让我苦等回信的天数中、从那些干巴巴而毫无感情的短信中，我试着解读出最细微的寓意。从某种程度来说，这些日子是一种痛苦的煎熬，让我因望眼欲穿而近乎发狂，但与此同时，这些日子又重新唤起了我的生命力和活力，让我惊讶地发现，我已不再像这五年来那样一心想要寻死、觉得自尽才是我应做的选择。那时的我是多么迫不及待地数着时间，等敦罗泽尔来这里接我，好让我能够离开奶奶！现在，我又一次一个人待在这里，这中间的一年仿佛是一场梦，犹如你之于我，仍是一片遥远而几乎不可及的天堂。上天对俗世间众生的挣扎漠不关心，而你对我的挣扎也同样无动于衷。但是，我的心中涌起一种说不清道不明的倦怠，仿佛一个扰人的梦，在我的所有念头之下形成一股暗流，为这些如梦似幻的情绪抹上不同于去年9月的色彩。这种倦怠感，是过去一年中所有的挣扎、焦虑和痛苦构成的，也是我为了赢得你而承受的所有压力、所有熬人的讨论和争吵的结果。然而，我并非不幸，远非如此；但眼下，我似乎已经过完了自己的一生，这是一段还算不错的人生；我已经经历过一次高潮，一个无与伦比的时刻，现在似乎没有什么再为之挂心的必要了。未来不会再有什么更值得期待的东西等待着我，因此即便死亡也了无牵挂……

萨里郡里士满

彭布罗克庄园

1894 年 9 月 3 日，早十点

亲爱的爱丽丝：

今天早上，你的三封信随着第一批邮件送到我的手上，真是让人开心；其中一封是从拉姆斯伯里转来的，内容特别有趣。信里的附件很有意思，我现在寄返给你。

我已差不多决定接受巴黎的职位（主要是出于你的敦促），我觉得金伯利勋爵的确认纯粹只是走个形式。我现在只等着德弗林侯爵的另一封信，然后就立马动身。但是，你对贵族制度的危险和弊端看得那么轻，这让我颇感遗憾；我开始担心你永远不会理解我对这些因素的恐惧，这绝非迷信。你和洛根尽可以与贵族打成一片（至少在你订婚之前），而不会遇到他们为同阶层设下的让人唯恐避之不及的绊脚石。美国人之所以在上流社会招人喜爱，只因为他们大多是异类，既不随大流，也不会顾及别人的禁忌；上流社会期望从美国人身上获取一种看热闹似的新奇乐趣，所以大多数人便能睁一只眼闭一只眼。但这其中也有极少数例外，他们会在美国人背后把他们骂得体无完肤。因此，你永远也看不到贵族和同阶层在一起时的模样：他们顽固、刻板、守旧，对任何与家庭传统稍有不同的事物都会大惊小怪。此外，这些贵族大多是我的亲戚和我奶奶的朋友，除非我在巴黎出洋相，否则在这份差事之后，家人还会给我安排更多。我如果胆敢拒绝，不仅会让奶奶忍无可忍（她老人家一时半会儿还走不了），还会冒犯和惹恼全家人。我的亲戚都觉得有权对我指手画脚，如果我胆敢不受人打扰地默默做些事，专注于一些在我看来脚踏实地，但至少在我五十岁前不大可能带来丝毫名望或功利的工作，他们就会跑来苦口婆心地劝我做些立竿见影的事。可悲的是，以我的人际网和其中大多数人对我的厚望，立竿见影的成功或许真的唾手可及，他们的胡搅蛮缠扰得我心烦意乱，简直快要了我的命。另外（我不得不承认），我有一种可怕的念头，总觉得有可能得不到你的支持。我渴望体验，但如果要发挥自己的才能，我就必须对丰富的经验避而远之，把自己关在书房里，过一种安静的生活，（尽可能地）只跟认同这种生活方式的人打交道。我对自己有充分的了解，可以肯定（虽然这是承认自己的弱点），如果你坚持要我有丰富的体验，坚持让我去见识这个五花八门的大千世界、投身于世，或是让我经历几段与自己的构想南辕北辙的世俗生活，我的神经肯定承受不了这种压力。我要么选择放弃契合良知的工作，要么不到三十岁就会因为精疲力竭而崩溃。总而言之，我比你更了解自己的需求，而你应该提供支持，帮助我捍卫这些需求。对于我渴望成为的那种专业人士来说，浑浑噩噩的生活体验是没有多大用处的，遵守社会条条框框更是毫无意义。你有一种不合逻辑的良善（我并不是说这是软弱），一旦有人能从违反某项通则中得到一点乐趣，你就无法将通则具体情况具体分析。因此，你就容易一边抗议说你大体希望我过上安静的学生生活，却每每遇到具体情况又会敦促我接受别人提供的职位、参与到世俗事务之中。而对我来说，世俗的事务其实是一种障碍，也有可能让我们两人沉迷于廉价的成功之中，这是世界上最可诅咒的事；如果靡费了这些几乎应该全部用于理论研究和通过思考获取理念的岁月（因为这些似乎只能趁年轻才能达成），我将终生被良心所谴责。万能的上帝把我塑造成一个彻头彻尾的理论家，而不是一个脚踏实地的人；因此，对于世界的了解对我而言价值不大。花一小时阅读瓦格纳的统计数据，可能要比花三个月的时间漫无目的地接触社会更有价值。请你务必坚定不移地接受我的这种看法，否则（如果我除了与亲戚和这个世界斗争之外，还被迫要与你抗争），我一定会与此生的使命擦肩而过。你可以自行选择把这封信中的一些内容读给洛根听，看看他是否同意我的观点。一个理论家的需求与你的需求是截然不同的，你似乎没法明白，对你来说至关重要的事情为何对我未说价值全无。比阿特丽斯·韦伯的情况跟我们截然不同，因为她嫁给了遭到家里所有脑袋灵光的亲戚厌恶的男人，但出于你那可恨的善良，你却要禁不住想要讨好每一个人！此外，我可以想见，在不得不违背喜爱自己的人的意愿时，她是一个比我更绝情的人。另外，由于靡费了早年的光阴，她永远无法跻身一流，也不会超越她的丈夫投下的阴影。请原谅这封信的语气，说实话，我一直担心你会因为太过希望我变得现实而毁了我的事业。但现在，紧要关头就在眼前……

少了情感上的困扰，
我把所有精力
都投入了脑力工作

第四章
智识的收获

我为何而活：罗素自传
THE AUTOBIOGRAPHY
OF BERTRAND RUSSELL

1900年7月,在巴黎世界博览会期间,第一届国际哲学大会也于巴黎召开。怀特海与我决定参加哲学大会,我受邀在会上宣读了一篇论文。

这次哲学大会是我思想生涯的转折点,因为我在那里遇到了皮亚诺[1]。此前,我已经听过他的大名,也读过他的一些作品,但还没有花时间去理解他使用的符号[2]。在大会的讨论环节,我注意到他一向比其他人更加一丝不苟,无论参加任何形式的辩论,他总能占上风。随着时间的推移,我推定这种优势一定是他的数学逻辑的功劳。因此,我请他把所有的著作都送给我。大会甫一结束,我就回到僻静的芬赫斯特,潜心研究他与他的学生所写的每一个字。我逐渐意识到,他的数学符号为我提供了一种多年苦苦寻找的逻辑分析工具。通过对他的研究,我获得了一种全新而有力的技术,可以用于我一直想要投身的工作中。到了8月底,我已经完全熟悉了他的学派的所有研究成果。我利用9月的时间,把他的方法拓展到了关系逻辑中。回想起来，在那一个月里，每一天的天气都是那么温暖晴和。怀特海一家和我们一起住在芬赫斯特，我向他解释了我的新理念。每晚的讨论都会以一些难题告终，但每天早上我都会发现前一晚的难题在睡梦中自行化解了。在那段时间，我全然沉醉于脑力工作中。那种感觉就像在薄雾中爬山，在登顶之时，霎时间云开雾散，四面八方几十英里以内的乡村都豁然可见。从智识方面来说，1900年9月是我人生的制高点。我跃跃欲试，心想我终于做成了一件值得做的事情，还暗暗叮嘱自己，在把这些想法记录下来之前，千万要小心别在街上被车撞了。我给皮亚诺的期刊寄了一篇论文，阐述了我的新想法。10月初，在几次不成功的尝试之后，我再次坐下来创作《数学原理》。这本著作的第三到第六部分都创作于那年秋天，第一、第二以及第七部分也是那年秋天写就的，但后来不得不重新改写，因此这本书直到1902年5月才定稿。在整个10月、11月和12月，我每天都会写上十页，并在19世纪的最后一天[3]完成了全稿，然后及时给海伦·托马斯[4]写了一封短信，得意扬扬地宣告自己刚刚完成了二十万字的书稿。

说来也怪，这种大获成功的喜悦随着世纪末的来临画上了句点。从那一刻起，我开始受到思想和情感问题的双重打击，陷入了我此生体验过的最黑暗的绝望之中。

在1901年的四旬节学期期间，我们和怀特海一家一起住进了梅特兰教授[5]在唐宁学院的房子。梅特兰教授因为身体有恙，不得不去马德拉群岛休养。他的管家告诉我们，他是因为"吃干吐司把自己耗干了",但我觉得这应该不是医学诊断。在此期间,怀特海夫人的身体越来越虚弱,也因为心脏病而经常感到剧痛难忍。怀特海、爱丽丝和我都很担心。怀特海不仅深爱着妻子,也非常依赖她。如果她去世,他能否再创作出更多好作品似乎都成了问题。有一天,吉尔伯特·默里来到纽纳姆学院[6],朗读当时尚未出版、由他翻译的《希波吕托斯》[7]的选段。我和爱丽丝去听了他的演讲,我被其中的诗句之美深深打动。等我们回到家时,我们发现怀特海夫人正在经历一场异常的剧痛。这痛苦如同一道墙,将她与所有人和事隔绝开来,突然之间,每个人灵魂的孤寂感突然将我吞没。自从结婚以来,我的情感生活一直平淡而浮于表面。我已将所有更深层次的问题抛之脑后,满足于浅薄的小聪明。然而这时,我脚下的地面似乎瞬间塌陷,让我落入了一片截然不同的天地。在不到五分钟的时间里,我的脑中闪过许许多多的念头:人类灵魂的孤独感是不可承受的;除了宗教导师所宣扬的那种最强烈的爱,没有什么能穿透这种孤独;任何不以这种爱为动机而衍生出的东西都是有害的,至少是无益的;由此可以推出,战争是错误的,公立的学校教育是可憎的,使用武力是不可取的。在人际关系中,我们应该深入彼此内心孤独的内核,并与之沟通。当时,怀特海家三岁的小儿子也在房间。我之前没怎么注意他,他对我也不加在意。在母亲阵发病痛时,必须有人制止他上前打扰。于是我便拉着他的手,把他领开了。他很顺从地跟着我走开,我们相处得非常自在。从那天起,直到他于

1918年战死沙场，我们一直是亲密的朋友。

在那五分钟之后，我完全成了另一个人。一时间，我被一种神秘的灵光所笼罩。我感觉，我能体会到在街上遇到的每一个人内心深处的想法，虽然这无疑是一种错觉，但我的确觉得，我与所有朋友和许多熟人的联系要比以前近了一大步。曾经支持大英帝国的我，在那五分钟里变成了一个亲布尔派与和平主义者。多年来一味专注于精确和分析的我，却发现自己对美充满了带有神秘主义色彩的觉知，对孩子产生了强烈的兴趣，几乎像佛陀一样深切渴望寻得某种让人生之苦变得可以忍受的哲学。一种说不清道不明的兴奋感将我占据，其中既包含着强烈的痛苦，但也有一些振奋人心的因素，因为我有能力控制痛苦，并让这痛苦为我所用，成为通往智慧的大门。时至今日，我在那时感觉自己拥有的神秘洞察力已基本消失不见，理性分析的习性又重新占据主导地位。但是，我认为自己在那一刻所感悟的某种东西一直伴随着我，衍生出我在第一次世界大战期间的心态、对孩子的兴趣、对小灾小难的不以为意，以及我在所有人际交往中所秉承的某种情感基调。

四旬节学期结束后，我和爱丽丝回到了芬赫斯特，我开始将数学逻辑的推理过程用笔详细记录，日后被囊括进《数学原理》之中。我原以为工作差不多已经收尾，但在5月份，与我2月份在情感上遇到的障碍一样，我也在思想上遇到了同样严重的挫折。在整个1901年的下半年，我一直以为问题会迎刃而解，但到了年底却得出结论，这是一项艰巨的任务。因此，我决定先把这个问题暂时搁置，继续完成《数学原理》。到了秋天，我受邀在剑桥大学进行两个学期的数理逻辑讲座，因此便与爱丽丝回到剑桥。讲座涉及《数学原理》的主要内容。

两个学期的讲座接近尾声，我们和怀特海一家住在格兰切斯特的米尔别墅里，大约在这时，我又遭受了一次比之前更严重的打击。一天下午，我骑自行车外出，正沿着一条乡间小路骑行时，我突然意识到自己不再爱爱丽丝了。在这一刻之前，我甚至从未意识到我对她的爱在一点点流失。这个发现暴露出的问题非常严重。自从结婚以来，我们在生活中亲密无间。我们向来同床共枕，也从来没有各自单独的更衣室。无论遇到任何事，我们都会在一起开诚布公地探讨。她比我年长五岁，我一向认为她比我要实际得多，也比我更懂得处世之道，于是便把日常生活的许多主动权都交给了她。我知道，她仍然全心全意地爱着我。我无意伤害她，但在那时，我认为亲密关系中双方应该坦诚相见（但我不确定到底是什么经历会让我抱此理念）。总而言之，我不知道该如何在不爱她时佯装出浓情蜜意，哪怕是一分一秒。我不再有与她发生性关系的本能冲动，单凭这一点，便为隐藏真实感情设置了一个不可逾越的障碍。在这场危机中父亲自恃清高的特质也在我身上显露了出来，我开始对爱丽丝进行道德上的批判，从而为自己开脱。我没有马上说我不再爱她，但她当然能察觉到有什么事情不太对劲。她卧床静养了几个月，静养结束后，我告诉她我不想再和她继续同房，最后我承认，我的爱火已经熄灭。无论于己还是于她，我都通过批判她的品格来证明这种态度的合理性。

现在回想起来，我当时的自以为是虽然令人厌恶，但批评的内容却有理有据。她试图拥有超越常人、完美无瑕的美德，却因此陷入了虚伪之中。和哥哥洛根一样，她也有恶毒的一面，乐于挑拨离间，但她本人对这一点毫无意识，而且天生善于用不易察觉的方式搬弄是非。她的溢美之词能让对方称赞她的慷慨大度，但她对自己所夸之人的实际看法，却要比所骂之人还要糟糕。这种恶意往往让她言不由衷。她告诉怀特海夫人说我讨厌孩子，因此尽量要让他们家的小孩少跟我接触。但一转头又告诉我，怀特海夫人是个不称职的母亲，疏于呵护自己的孩子。在骑自行车的途中，诸如此类的回忆接连浮现在我的脑海中，我开始意识到，她并不是我一直所想的圣人。但我在厌恶之情中陷得太深，把她拥有的美德也抛诸脑后。

我一生中最不快乐的时光是在格兰切斯特度过的。我的卧室面对着磨坊，磨坊的水流声与我的绝望千丝万缕般纠缠在一起。长夜漫漫，我躺在床上彻夜难眠，先是听到夜莺的啼啭，然后又伴随着黎明时分鸟儿的齐鸣眺望日出，试着从外界的美景中寻找慰藉。我感受到一股彻骨的孤独，一年前，我曾认为这是生而为人的必然命运。我独自一人漫步在格兰切斯特附近的田野中，隐约感到泛白的柳树在风中传递着来自安宁大地的信息。我阅读了一些宗教书籍，比如泰勒的《圣洁的死亡》，希望这些书的作者能从各自的信仰中提取一些不同于教条的安慰。我尝试在纯粹的冥思中寻求庇护；也开始动笔创作《自由人的信仰》。创作出充满韵律的散文,这是当时唯一真正让我感到快慰的事情。

在创作《数学原理》的整个期间,我与怀特海夫妇的关系复杂而矛盾重重。在世人看来,怀特海冷静、讲理而明智,但一旦熟识之后,就会发现这只是诸多面向之一。像许多高度自制的人一样,他也难免出现几乎毫无理智可言的冲动。在遇到怀特海夫人之前,他已下定决心要加入天主教会,却因坠入爱河而在临入会前最后一刻放弃了信仰。他总是深陷于缺钱的恐惧之中,却不用合理的方式应对恐惧,反倒肆无忌惮地花钱,想要这样欺骗自己相信有能力负担。他常常喃喃自语地大肆痛批自己,把怀特海夫人和她的仆人吓得够呛。而有的时候,他又一连沉默几天,对屋里人一句话也不说。怀特海夫人时刻提心吊胆,生怕他会发疯。回想起来,我觉得夫人生性小题大做,因此把问题看得过于严重。然而,危险虽然没有她想得那么夸张,但的确是存在的。她在谈到丈夫时对我毫无隐瞒,我感觉我们仿佛结成了一种帮助他维持理智的同盟。但即便如此,他的工作从来没有停下脚步,可我觉得他对自己施加的控制已经超出了正常人能够承受的范围,随时都有可能崩溃。怀特海夫人经常发现他在剑桥商户那里欠下大笔账款,但又不敢透露家里没钱付账,生怕把他逼到崩溃的边缘。那段时间,我经常暗中资助。我不愿把怀特海蒙在鼓里,但如果他听说此事,一定会难以承受这样的屈辱。然而,他要养家糊口,还要写《数学原理》,为此,除了暗地支持,我似乎没有别的方法。我为此倾囊相助,甚至自己也贷了一笔款,但愿只要目的正当,手段稍微妥协也无妨。在 1952 年之前,我从未对任何人提过此事。

在此期间,爱丽丝要比我更不快乐,而她的不快也是导致我不快的重要原因。过去,我们常和她的家人住在一起,但我告诉她,我对她的母亲已经忍无可忍,我们必须离开芬赫斯特。我们在伍斯特郡的百老汇[8]附近度过了夏天。我因痛苦而变得多愁善感,常写出伤春悲秋之言,比如:"我们的心建造出精美的圣殿,祭奠逝去希望的灰烬。"我甚至自甘堕落地读起梅特林克[9]的诗来。此前,在痛苦最为激烈的时期,我于格兰切斯特完成了《数学的原理》。手稿完成的那天是 5 月 23 日。到了百老汇,我潜心投身数学的阐释,后来催生出《数学原理》。这时,怀特海已经确定加入这本书的创作,而我自甘堕入缥缈、虚伪、感伤的心绪之中,连数学研究工作也受到了影响。记得我把一份初稿发给怀特海,他的回复是:"为了让论证看起来简洁明了,包括这本书的主旨在内的一切都打了折扣。"而导致创作缺陷的原因,便是我精神状态的萎靡不振。

秋天来临时,我们在切恩道租下一栋房子住了六个月,生活逐渐变得不那么难以忍受。我们频繁社交,见了很多人,其中不乏妙趣横生、讨人喜欢的人。我们都逐渐过上了一种更加外向的生活,但就连这样的生活,也往往分崩离析。只要我和爱丽丝同住在一座房子里,她便三不五时地在上床后穿着晨衣下楼来找我,求我和她一起过夜。有时我勉强同意,但结果却总是败兴至极。这种情况就这样维系了九年，在这九年里，她一直盼望着让我回心转意，从没有对其他男人产生过兴趣。而在这九年中，我也没有跟别人发生过性关系。每年大约有两次，我会主动跟她发生性关系，试图抚慰她的痛苦，但她对我而言已经不再具有吸引力，因此这种尝试只是徒劳。回顾这段漫长的岁月，我感觉自己早该和她终止这种同居关系，但她却希望我能留下来，甚至威胁如果我离开她就要自杀。当时我还没有心上人，因此似乎没有什么充分的理由违背她的意愿。

1903年和1904年的夏天，我们在切特和蒂尔福德度过。我养成了一个习惯，每晚十一点到次日一点之间都会到户外漫步，由此，我逐渐发现欧夜鹰会用三种不同的声音啼叫（大多数人只知道一种）。那段时间，我一直在努力解决数学研究中遇到的难题。每天早晨，我都会面对一张白纸坐下。整整一天时间，除了午饭时间的短暂休息，我会一直盯着那张白纸。然而到了晚上，纸上往往还是空无一字。我们的冬天是在伦敦度过的，在这段时间，我并没有刻意工作，但我记得，1903年和1904年两个夏天的创作工作处于彻底停滞的状态。我很清楚，如果不解决这些难题，我就无法继续向前推进。我下定决心，不让任何困难阻止我完成《数学原理》，但在当时，我真的觉得自己的余生或许都要盯着那张白纸度过了。更让人恼火的是，这些难题尽是些微不足道的细节，我的时间就这样花费在了那些似乎不值得认真思考的事情上。

到了1905年，情况开始好转。爱丽丝和我决定搬到牛津附近，在巴格利林地给自己造一座房子（当时，那里还没有别的房子）。1905年春天，我们搬到那里居住，搬进去不久后，我就发现了我的摹状词理论[10]，这是克服困扰我多时的难题的第一步。此后不久，西奥多·戴维斯去世，我在前文中已经提过。1906年，我发现了分支类型论[11]。剩下的事情，便只等把这本书写出来了。怀特海忙于教学工作，没有足够的空闲从事这项机械的工作。于是，从1907年到1910年，我便每年工作八个月，每天工作十到十二个小时。手稿越积越多，每次出去散步，我都会担心房子着火，把我的手稿付之一炬。当然，那些手稿都是不可打印，甚至无法手抄的。等我们终于把手稿送到剑桥大学出版社时，由于体积太大，我们只得专门租了一辆旧的四轮马车运送。即使到了那时，我们的麻烦也没到头。剑桥大学出版社预估这本书会产生六百英镑的亏损，他们愿意承担其中的三百英镑，但认为再多便承担不起了。英国皇家协会慷慨捐赠了二百英镑，剩下的一百英镑则由我们自己筹集。就这样，我们付出了十年的心血，每人净赚了负五十英镑，打破了《失乐园》[12]的纪录。

从1902年一直到1910年，生活的不幸带来的压力加上繁重的脑力劳动，给我带来了沉重的负担。在那段时间里，我仿佛置身一条隧道之中，往往担忧能否找到出口。我经常站在牛津附近肯宁顿的人行桥上，看着一列列火车来来往往，暗下决心第二天就卧轨自尽。但是当第二天来临的时候，我却总能重拾一线希望，觉得《数学原理》或许终有完成的一天。更重要的是，在我看来，这些困难的本质是一种挑战，如果不去迎接和克服，便是一种怯懦无能的表现。于是我坚持了下来，最终完成了工作，但思维能力一直没有从这种重压之中恢复过来。从那以后，我处理抽象难题的能力便明显不如以前。我的工作性质发生转变，虽然绝不能全部归咎于此，但这的确是部分原因。

1906年大选后，贸易保护主义已不再是一个迫在眉睫的问题，我开始为支持妇女选举权而活动。出于和平主义的考量，我不喜欢激进派，而是一向与立宪派合作。1907年，我甚至参加了议会的补缺选举，支持妇女选举权。那届温布尔登补选[13]的过程历时短暂但充满艰辛，现在的年轻一代肯定难以想象对于妇女平等的反对有多么热烈。日后，我为反对一战而发起运动，而那时遇到的大举反对，与1907年的妇女参政主义者遇到的敌对简直不能同日而语。绝大多数民众纯粹把这个问题当成乐子，他们会嘲讽地对女性大喊"回家看孩子去吧"，还会对各个年龄层的男性揶揄"你妈知道你在外面瞎跑吗"。有人向我扔臭鸡蛋，却砸中了我的妻子。在我的第一次集会上，有人放老鼠吓唬与会的女性，那些参与合谋的女性则假装惊恐地大声尖叫，想给所有妇女脸上抹黑。

自从青春期读到穆勒关于性别平等问题的著作以来，我便成为女性平等的积极倡导者。在此几年之后，我才发现母亲曾在19世纪60年代发起过争取妇女选举权的活动。这一事业竟能在整个文明世界如此迅速而彻底地获得成功，是鲜有其他事业可以相提并论的。能够参与到如此有成效的事业之中,我深感荣幸。

尽管穿插了一些有趣和愉快的插曲,但对我来说,1902年到1910年的这段时间是非常痛苦的。没错,我在这些年的工作成果颇丰,但创作《数学原理》的乐趣全都集中在了1900年的最后几个月中。从那以后,由于工作的难度和强度过大,我无法从中获得任何乐趣。相较于最初几年,由于最后几年的创作更有成效,因此还要好过些,但直至把手稿交到剑桥大学出版社的那一刻,我才感受到整本书创作过程中唯一令人记忆犹新的快乐。

弗莱迪山

1902年4月3日

亲爱的吉尔伯特：

在我们所有围绕伦理主题展开的讨论中，我发现我们在前提上存在差异，即在道德公理上存在真正的分歧。因为我非常急于弄清楚直接引起这个问题的道德直觉（很明显，一切道德准则都必须以此为基础），也出于基本原理上的分歧会引发质疑，我希望尝试着找出我们之间的分歧的根源，以及我们是否持有互不相容的公理。

我们的分歧似乎是由于你是个功利主义者所引起的，而我认为，与知识、对美的欣赏和沉思，以及心灵的某种内在优点相比，快乐和痛苦都是微不足道的。在我看来，除了实际的效果之外，这种内在的优点堪称名副其实的美德。我想知道的是，你是否也认为功利主义无法推导出道德原则，因此二者不相容。[需要注意的是，对于西季威克[14]的伦理学，如果我们能接受直觉主义的一般基础，即直接直觉（对我们而言）是道德前提唯一来源之教义，那么西季威克这本著作中的方法就是错误的。然而，其中的许多被普遍接受的道德公理被证明为功利主义所推导出的"中间公理"。因为，如果这些公理是道德意识的直接表述，那么即使在那些有悖于功利主义的例外情况下，人们也应该接受这些公理。因此，任何不能从功利主义中严格推导出来的公理，都与之不相一致]

我必须先承认，多年以来，快乐对我来说是唯一的善，而痛苦则是唯一的恶，这似乎是不言自明的。但现在，这个问题的反面于我而言却变得不言自明起来。这种变化，是由我所谓的道德经验带来的。一般的先验哲学家会告诉你，经验与道德无关，因为经验只能让我们看到眼下的事物"是什么"，而不能指出其"应该是什么"。在我看来，这种观点在哲学上和实践上都是错误的，因为它依赖于感性的知识理论，可叹的是，许多渴望成为先验哲学家的人都或多或少地持有这种理论。如果能认识到我们所感知的知识并不是由觉知的对象引起的，那么很明显，如果感知是经验，出于各种原因，不由其他知识推出、通过任何其他方式产生的知识也都是经验。当下的环境很容易产生非常具体的道德信念，让我判断现在呈现在我眼前的事物是好或坏；而由于想象力的匮乏，我们往往不可能事先确定对于对一件事实的道德判断。在我看来，真正的道德直觉就是这种非常具体的直觉；事实上，我们对事物好坏的判断，就如我们对其颜色和形状的审视一样。以我之见，认为我们可以从良知中寻得一般的准则，似乎是《十诫》所助长的一个错误认知。我更愿意将伦理学的真正方法视为由经验确定的事实中得出的推论，而这些推论，则要从生活提供给那些睁大眼睛观察的人的道德实验室中获取。因此，我现在要提倡的原则，都是从这些直接具体的道德经验中得出的推论。

最初之所以远离功利主义，是因为我认定自己应该追求哲学，尽管我当时（且现在也仍然）毫不怀疑，通过研究经济学和政治理论，我可以更好地推动人类幸福。在我看来，人类生存可以获取的尊严，是不能通过囿于生命机制本身所获得的。如果不维持对于永恒事物的思考，那么人类就跟吃饱的猪没什么区别。然而总的来说，我并不相信对于永恒事物的思考能够解决幸福的问题。对于永恒事物的思考能够给人们带来片刻的幸福，但这片刻的幸福，仍会被多年的痛苦挣扎和郁郁寡欢所抵消。我也曾思考，一件艺术品的价值与其带给人的愉悦没有任何关系；的确，我对这个问题思考得越多，就越是觉得简约胜于华美。在我看来，数学能够产生的艺术成就能够与任何音乐媲美，甚至更加伟大；这不是因为数学带来的快乐（虽然这种快乐非常纯粹）可以与音乐相比，无论是在强度上还是感受到这种快乐的人数上，而是因为数学给予的快乐呈现出绝对的完美，将伟大的艺术、神性的自由，以及不可避免的命运感结合在一起；实际上，数学构建了一个理想的世界，在那里的一切都是完美而真实的。再次重申，对于人类的实际生存而言，我对那些能感知生活悲剧性的人，那些对死亡有真实体悟的人，那些被不可避免的卑贱事物所压迫的人，都抱有敬佩之心。然而在我看来，无论是对于拥有这些品质的人，还是对于所有受其影响的人，这些品质都对幸福不利。总体来说，我认为最好的生活不仅要对人类事物进行真实的思考和深刻的感受，还要对美丽的世界和抽象的真理进行认真审视。最后这一点，或许是我最反对功利主义的观点：我认为所有与实际存在的事物相关的知识，也就是一切通常被冠以"科学"名头的知识，与哲学和数学这些与理想和永恒事物有关的知识相比都是微不足道的。因为，后者已经摆脱了这个上帝创造出来的悲惨世界的影响。

我希望表明，我的这些观点会被大多数不受理论偏见影响的最有道德的人所认同。我相信，阿基米德[15]之所以被同时代的几何学家所鄙视，是因为他利用几何学创造出了有用的发明。说也奇怪，功利主义者一直急于证明猪的生活并不比哲学家的生活更幸福，这是一个非常可疑的命题，如果他们真的诚心思考这个问题，那么所有人得出同样结论的可能性便几乎不存在。在艺术方面，我当然也培养出了自己的常识：若觉得《家！甜蜜的家！》要好过巴赫，这在任何人看来都是一种谬论。对于这个议题，就连功利主义者也必须承认美好的对象只是一种手段，而不一定代表该对象本身是好的。因此，我们很难看出对于美的沉思为何应该是好的，因为几乎不可否认的是，一个有品位的人从美的物体上获得的情感，另一个人也可能从丑的物体中获得。因此，一个有品位的人只能被定义为从美而不是从丑中获得这种情感的人。然而，所有人都会认为一个拥有品位的人更加优秀，尽管只有盲目的理论家才会坚称品位能够增加幸福感。对于功利主义者来说，这可真是一个难题！

  所有这些论题，至少能够追溯到柏拉图的时代。但等当你有空的时候，我真的很想知道一个功利主义者能对这些论题作何回答。书中只有诡辩和谎言，对于那些终日蜗居在书房中、对生活一无所知的人来说，这些观点或许可以算站得住脚。但对于那些面对这个卑鄙堕落的可怕世界的人来说，这些观点却不堪一击。在这个世界里，受到惩罚的只有善良之人，而邪恶之人却在幸福和尊重中生活和死亡。

你永远的挚友，

伯特兰·罗素

他那赤诚
而充满激情的
高贵品质,

如从井底
看到的星光
一般明亮

第五章
风暴来临

我为何而活:罗素自传
THE AUTOBIOGRAPHY
OF BERTRAND RUSSELL

第五章 风暴来临

《数学原理》写完后,我有点无所事事的感觉。这种感觉虽然愉快,但也让人无所适从,就像刚从监狱里出来一样。当时的我颇为关心自由党和上议院之间关于《人民预算法案》和《议会法案》[1]的斗争,因此萌生了从政的倾向。我向自由党总部申请选区,被推荐到贝德福德。我到了那里,向自由党协会发表了一次演讲,受到了热烈的欢迎。然而在演讲之前,我被人带进了一间狭小的里屋,在那里接受了一场常规的"教理问答",记得内容大致如下:

问:你是英格兰教会的成员吗?

答:不,我从小就是一个不信奉国教的新教徒。

问:现在还是新教徒吗?

答:不,我现在已经不是新教徒了。

问:我们是否可以认为你是个不可知论者?

答:没错,澄清这一点很重要。

问：你愿意偶尔去教堂礼拜吗？

答：不，我不愿意。

问：你的妻子愿意偶尔去教堂做礼拜吗？

答：不，她也不愿意。

问：你是不可知论者的事情会传出去吗？

答：是的，可能会传出去。

鉴于我的回答，对方最终选择了凯拉韦先生作为他们的候选人，他后来成为邮政署长，在一战争期间持有正确观点。没有选我，贝德福德选区一定觉得躲过了一劫。

而我自己也有同感，因为就在贝德福德还在考虑的时候，我收到了三一学院的邀请，要我去教授数学原理。数学比起政治来说对我更有吸引力，但如果贝德福德愿意接受我，我就不得不拒绝剑桥的邀请。1910年10月份学期刚开始的时候，我便定居了下来。爱丽丝和我在大桥街有自己的住处，我在内维尔庭院[2]的I区也有了落脚的地方。我非常喜欢这里，这也是我自1894年离开剑桥以来第一个完全属于自己的房间。于是，我们卖掉了在巴格利林地的房子，从表面看来，我们的生活即将步入一个新的轨道。

然而，现实却并非如此。在1910年1月的大选中，当我还住在巴格利林地时，我决定尽己所能地协助自由党，但却不想支持我所住选区的议员，因为他违背了我所看重的一些承诺。因此，我决定支持河对岸邻近选区的议员。这位议员就是菲利普·莫雷尔[3]，他和我大舅子洛根是牛津的同学，洛根对他甚是倾心。菲利普·莫雷尔的妻子是奥托琳·卡文迪什-本廷克夫人[4]，也就是波特兰公爵[5]的妹妹。在1910年1月的选举中，我几乎每晚都要在集会上发表支持菲利普·莫雷尔的演讲，白天则几乎全部用来游说拉票。我几乎走遍了牛津和卡弗舍姆之间的每一个村庄。在竞选期间，我有很多机会了解奥托琳。我发现，她对待各阶层的人士都非常友好，而且她对公共事业也非常热忱。1911年3月，我受邀在巴黎进行三场演讲，一场在索邦大学，另两场在其他地方。由于途中正好可在伦敦过夜，我便请莫雷尔夫妇安排我在他们位于贝德福德广场四十四号的家中过夜。我向来喜爱美好的事物，但无奈自己却无力置办。而奥托琳家中的氛围，却填补了我在第一次婚姻中一直处于饥饿状态的空洞。每次踏进她的家中，我便觉得从外部世界恼人的纷扰之中得到了解脱。3月19日，我在去巴黎的途中在那里歇脚，不料菲利普因事必须到伯恩利去，留下我和奥托琳两人促膝长谈。晚饭时，我们谈到伯恩利、政治局势以及政府的罪恶。饭后，谈话逐渐变得亲密起来。我畏畏缩缩向她靠近，让我吃惊的是，她居然没有抗拒。在这一刻之前，我从未意识到奥托琳会允许我与她交欢，然而随着夜色渐浓，与她做爱的欲望也逐渐变得越发强烈。最终，欲望战胜了我，我惊奇地发现，我对她的感情竟是如此之深，而她对我也有同感。在此之前，除了爱丽丝，我从未和任何女人有过完整的性关系。出于外部和偶然的原因，那天晚上，我和奥托琳并未走到最后一步，但我们一致同意，想要尽快发展成恋人关系。我的感情强烈得犹如排山倒海，让我对可能发生的后果也不以为意。我一心想要离开爱丽丝，也想让奥托琳离开菲利普。我完全没有将菲利普的想法和感受放在心上，就算他发誓要我们两人的命（怀特海夫人很肯定他一定会这么做），我也愿意为一夜欢愉付出代价。九年来神经紧绷的自我克制终于到了终点，此时的我，已经对这种克制忍无可忍。但是那天晚上，我们没有足够的时间制定将来的计划。我们第一次接吻时天色已晚，在那之后，虽然我们直到次日凌晨四点都没有入眠，但只要有工夫就聊上几句。第二天一大早，我必须赶赴巴黎，要在那里用法语对一群非常苛刻的听众做演讲。我难以把注意力集中在演讲内容上，演讲质量想必很糟。我感觉自己恍如在梦中，周遭的一切都显得虚无缥缈。奥托琳要去斯塔德兰（当时那里还是个很小的村庄），我们计划好，我要到那里和她一起住上三天。动身之前，我和爱丽丝在芬赫斯特度过了周末。我在那个周末伊始去看牙医，他说我可能患了癌症，还给我推荐了一位专科医生，然而由于医生外出度复活节假期，我要到三个星期后才能看病。此后，我把奥托琳的事情告诉了爱丽丝。她听后勃然大怒，表示一定要离婚，坚称要把奥托琳的名字公之于众。奥托琳有孩子，且对菲利普有着真挚的感情，因此不愿离婚。鉴于此，我不得不顾全她的名声。我告诉爱丽丝，她想何时办离婚都可以，但绝不能把奥托琳牵扯进来。尽管如此，爱丽丝还是一意孤行。于是我只得平静而决绝地告诉她不要痴心妄想，因为如果她有此举动，我就要自杀，让她无法得逞。我言出必行，她也能看出来。于是，她变得歇斯底里起来。在她暴怒了几个小时后，我给她准备参加剑桥荣誉学位考试的侄女卡琳·科斯特洛[6]讲解了洛克[7]的哲学，然后便骑着自行车离开。就这样，我的第一段婚姻画上了句号。直到1950年，我才再次与爱丽丝见面，那时的我们，已经形同泛泛之交。[8]

经历了这场风波之后，认为自己患了癌症的我便直奔斯塔德兰而去。在斯沃尼奇，我雇了一辆老式马车，马车慢得让人难以置信。马儿慢慢悠悠地上山下山，我则已经心急如焚。终于，我看到奥托琳坐在路边的松林里，于是我下了车，让马车驮着我的行李先走。在斯塔德兰度过的三天三夜铭刻在我的记忆之中，成了我人生中为数不多的几个美好得不真实的时刻。当然，我并没有告诉奥托琳自己可能得了癌症，但一想到这种可能性，幸福便仿佛是从虎口中抢下的一般珍贵，反倒更加强烈了。被牙医告知病情时，我的第一反应是祝贺神灵偏偏选在幸福在望时给我如此打击。或许在内心深处的某个地方，我相信存在着一位神灵，专以出其不意地折磨人为乐。然而在斯塔德兰的三天里，我却感觉这位邪恶之神并未完全得逞。等我终于找到那位专科医生看诊的时候，才发现自己的身体并没有大碍。

奥托琳个头高挑，脸型瘦长似骏马，一头漂亮的秀发，发色独特，有点像橘子酱的颜色，但要更深一些。爱管闲事的女士们以为她的头发是染过的，但事实并非如此。她嗓音优美、温柔而响亮，拥有不屈不挠的勇气和钢铁般的意志。她非常羞怯，刚开始的时候，我们两人都显得拘谨局促，但在心中对彼此都是一往情深，随着羞怯的逐渐消失，我们的相处也越来越愉快。我们都是真诚而不落俗套之人；都出身贵族，却在当前的环境中有意远离这一传统；也都对贵族的残忍、专横和心胸狭隘恨之入骨。然而，我们都对自己选择生活的世界感到陌生，因为我们格格不入，在这个世界中难免遭受怀疑和不理解。这种状况所衍生出的种种复杂情感，都是我们所共有的。我们之间存在着一种深深的共情，只要她还在世，这种共情就不会停止。我们在1916年终止了恋人关系，但之后一直是彼此亲密的朋友。

奥托琳对我产生了深远的影响，几乎完全是正向的。当我拿出说教或清高的做派，或是在谈话间表现得盛气凌人时，她便会嘲笑我。她逐渐让我认识到，我并非满腹邪念，只能靠钢铁般的意志强压。她让我不再那么以自我为中心，也不再那么自以为是。她是个幽默感极强的人，我往往一不小心就会被她调侃一番。她帮我减轻了许多清教徒的习气，让我不再像以前那么吹毛求疵。当然，历经了怅惘的岁月，仅凭甜美的爱情，就足以让生活中的一切变得愉快起来。许多男人害怕受到女人的影响，但就我的经验而言，这种担虑实在愚蠢。在我看来，男人需要女人，女人也需要男人，无论从精神上还是肉体上都是如此。从我自身而言，我对自己爱过的女人心怀感恩，没有她们，我的心胸便会狭隘得多。

斯塔兰德之旅过后，各种问题开始引出重重麻烦。爱丽丝仍然怒气未消，洛根也跟她一样愤愤不平。怀特海夫妇在这段时间里表现出极大的善意，终于说服两人放弃了把奥托琳扯进离婚风波的念头，而爱丽丝则认为，如果这样，办理离婚便没有意义。我原本希望奥托琳能离开菲利普，但很快就意识到这行不通。与此同时，洛根找到菲利普，提出一些条件，而菲利普则把这些条件强加给奥托琳。这些严苛的条件严重阻碍了我们两人恋爱关系的幸福。最糟糕的是，我们要承诺永远不能在一起过夜。就这样，我和菲利普、洛根、爱丽丝一样，也变得狂暴难抑。奥托琳难以忍受这一切，由此造成的压抑氛围，让我俩难以寻回最初的狂喜。我开始意识到奥托琳家庭生活的坚不可摧，意识到她对丈夫、孩子和财产的看重。而于我而言，一切与她相比都相形见绌，这种不对等让我变得嫉妒和苛刻。刚开始的时候，我们对彼此的激情足以克服所有的障碍。她在奇尔特恩丘陵的佩帕德镇有一座小房子，整个7月都在那里消夏。我住在伊普斯登，离佩帕德有六英里远，每天骑自行车过去，大约中午到达，午夜离开。那年夏天天气异常炎热，有一次，就连阴凉处的温度也飙升到了九十七华氏度。我们常常在山毛榉林中吃午饭，然后回家喝晚茶。虽然奥托琳身体有恙，但那个月的时光却非常美好。最后，她不得不搬到玛丽亚温泉市[9]疗养，我随后不久也到了那里，但特意入住了另一家旅馆。随着秋天的到来，她回到伦敦，我选在大英博物馆附近的伯里街道租了一套公寓，方便她来看我。那段时间，我总要去剑桥授课，会在早上赶到公寓，然后准时回剑桥去上五点半的课。她当时经常头痛难忍，让我们的幽会败兴收场，遇到这种情况，我却没能对她多加体谅。虽然如此，整个冬天我们只发生过一次严重的冲突，起因是我指责她宗教习气太重。然而随着时间的流逝，我变得越发躁动不安，因为我觉得她对我的关爱不及我对她。而我们之间的情感也偶有荡然无存的时候，我常常将她的身体有恙误判为对我的漠不关心，但事实当然并非总是如此。当时我患上了牙龈溢脓，但自己没有察觉，这种病让我口气恶臭，而我也没有在意。她一直不愿提起这件事，直到我发现自己得了病并治好之后，她才告诉我这件事对她产生了多大的影响。

1913年还发生了一件大事，我和约瑟夫·康拉德的友谊在那年拉开了帷幕。我们两人都是奥托琳的朋友，我多年来一直很爱读他的作品，但如果没有奥托琳的介绍，我是不会冒昧主动结识他的。就这样，我怀着一种不安的期待，来到他位于肯特郡阿什福德附近的住家。他给我留下的第一印象出乎意料。他的英语带着浓重的外国口音，举手投足丝毫不像水手，从头到脚是个地地道道的波兰贵族。他对大海和英国的感情带有浪漫色彩，这种隔着一定距离的爱，足以使这浪漫色彩不受玷污。他打从很小的时候就爱上了大海，而当他告知父母想当水手时，父母却劝他加入奥地利海军。然而他想要冒险，向往热带海域以及被黑暗森林包围的奇异河川，奥地利海军无法给他任何实现这些愿望的机会。他的家人对他想在英国商船上谋生的决定大感震惊，但他的决心却毫不动摇。

任何人都可以从康拉德的作品中看出，他是一个非常严苛的道德家，在政治上绝不倾向革命者。我和他在绝大多数事情上观念相左，但在一些非常基本的问题上却出奇一致。

我和约瑟夫·康拉德的关系与我以往的任何人际关系都有所不同。我们很少见面，且中间会间隔好多年。从表面来看，我们几乎形同陌路，但却对人类的生活和命运抱有某种共识，这种共识让我们从一开始便形成了一种极为坚实的纽带。恕我在此引用他的一句话，这是我们相识后不久后他在给我的一封信中写的。出于谦逊，我本不应引用，但这句话也恰好准确表达出了我对他的感受。用他的话来说，我们双方对彼此都心有戚戚的感受，是"一种深深的仰慕之情，即使您再也见不到我，明天便会忘记我的存在，这份感情也将始终不渝，永远属于您"。

打从第一次会面开始，我们的交谈就变得越发亲密，似乎是在逐渐深入问题的一层层表象，慢慢靠近核心的炽热火焰。这是一种我从未有过的经历。我们对视着对方的眼睛，为竟能共同进入这样的境界而感到震惊而迷醉。这种感情如炽烈的爱情一样轰轰烈烈，同时又是如此包罗万象。谈话结束离开时，我已然精神恍惚，几乎静不下心打理日常工作。

我一年中的大部分时间都住在康沃尔，因此很少与他见面，而他的身体状况却每况愈下。但是，他给我写过几封精辟的信件，尤其是关于我论述中国的著作[10]的那一封。他写道："我向来很喜欢中国人，包括那些在庄他武里府的私宅里试图杀我（以及其他几人）的主儿，甚至包括某天晚上在曼谷把我所有钱财全都卷走的家伙（但我也没法太喜欢他），他把我的衣服刷干净，叠得整整齐齐，方便我早晨穿戴，然后便消失在暹罗的人海中。另外，我也得到了中国人诸多善意的帮助。再加上一天晚上在旅馆阳台上与曾大使[11]秘书的谈话，以及对一首名叫《异教徒中国佬》[12]的诗歌的粗浅研究，这就是我对中国人的全部了解。但在阅读了您对中国问题鞭辟入里的洞见之后，我对这个国家的未来持悲观态度。"他接着表示，我对中国未来的看法"让人心寒"，尤其是我把希望寄托在国际社会主义上。他评论道："我无法赋予这种概念任何明确的意义。我坚信，这个由人构建的世界笼罩着一种必将毁灭的宿命，无论从任何著作或谈话中，我从来没有找到令人信服的证据，足以反驳我这根深蒂固的信念。"他接着表示，虽然人类已能飞上天空，但"却不能像雄鹰一样翱翔，而是像甲虫一样扑棱。您一定见过，甲虫的飞法是多么丑陋、可笑和愚蠢"。通过这些悲观的评论，我感觉相比于我对中国未来的掺杂着虚假情绪的乐观，他表现出了一种更为深刻的智慧。不得不承认，到目前为止，事态的发展证明他的判断是正确的。

这封信是我和他的最后一次联系。从那以后，我再也没有与他面对面交谈过。有一次，我在街道对面看到他正与一个我不认识的男人相谈甚欢。当时他就站在我奶奶故居的外面，奶奶去世后，这幢房子转而为艺术俱乐部所用。我不想打断这场看似严肃的谈话，于是便走开了。不久之后他便与世长辞，我真后悔自己当时没有大胆上前。现在，那幢房子已毁于希特勒之手。我感觉，康拉德正渐渐被人们所遗忘，但他那赤诚而充满激情的高贵品质，却如从井底看到的星光一般明亮。但愿，我能让他的光芒如照亮我一般照耀在别人身上。

1914年春天，我应邀到波士顿发表洛厄尔研究所[13]的演讲，同时兼任哈佛大学的临时哲学教授。我宣布了洛厄尔研究所演讲的题目，但怎么也想不出该讲些什么内容。我时常坐在莫尔斯福德的甲壳虫与楔子船屋餐厅[14]的大厅，琢磨我们对外部世界的认知有什么可讲的话题，毕竟不久之后，还有一连串的讲座等着我呢。1914年元旦那天，我从罗马回到剑桥，心想再不准备讲稿就真的来不及了。于是，我安排了一位速记打字员第二天上门，却完全不知道她来时我该讲些什么。谁知她一走进房间时，我便顿时才思泉涌，条理清晰地把讲稿从头到尾地口述完。我向她口授的内容后被集结成书出版，书名是《我们对外部世界的认识》。

在哈佛，我被介绍认识的每一位教授都会对我说下面这番话："罗素博士，您肯定知道，我们的哲学系近来蒙受了三次重大损失。我们失去了尊敬的同事威廉·詹姆斯教授，他的逝世令人扼腕；我们失去了桑塔亚那[15]教授，出于在他看来想必充分的理由，他现已在欧洲定居下来；最后也同样重要的一位是罗伊斯[16]教授，他虽然中了风，但尚且在世，不能不令人欣慰。"讲话人说得慢条斯理、一本正经、傲慢浮夸，几次下来，我觉得自己也必须做些回应。因此，等到再被人介绍与新教授相识的时候，我便以最快的语速把这段话一口气背下来。然而事实证明，这一招并不管用。"是的，罗素博士，"对方回答道，"正如您刚才所言，我们的哲学系……"于是这番说辞又被充分讲一遍，以不可阻挡之势用同样的方式收尾。我说不清问题出在这些教授身上，或者这就是美国人的做派，但总觉得是前者。另外，我还注意到关于哈佛教授的另一个现象：虽然我已能在无人指引时找上家门，但一起用餐时，对方总会嘱咐我回家的路该怎么走。哈佛的文化是有其局限的。

但从另一方面来说，哈佛的学生，尤其是研究生，却给我留下了深刻的印象。在经历上述三次重大损失之前，哈佛哲学系向来在全球首屈一指。1896 年，我曾与威廉·詹姆斯一起待在哈佛大学[17]，除此之外，我也很钦佩罗伊斯将数理逻辑引入哲学课程的决心。

我教授一个十二人的研究生班，他们每周都会来找我一起喝一次茶。T.S. 艾略特也在其列，他后来还就这段经历作了一首诗，名叫《阿普林纳克斯先生》[18]。当时，我并不知道艾略特会写诗。我想，他在当时已经创作出《贵妇画像》和《普鲁弗洛克的情歌》[19]两首诗，或许觉得这件事不值得一提。他极其沉默寡言，却唯有一次语出惊人。当时我正在赞美赫拉克利特[20]，他评论道："没错，他总会让我想起维永[21]。"我觉得这句话实在一针见血，因此总盼着他何时再能说出什么妙语。

哈佛学期结束后，我在其他几所大学进行了单独演讲，其中包括密歇根大学的安娜堡校区。在那里，校长带我参观了所有的新建筑，尤其是他引以为傲的图书馆。

离开安娜堡，我去了芝加哥，与一位著名的妇科医生一家住在一起。这位妇科医生写了一本关于妇科疾病的书，书的卷首插画是一幅子宫的彩图。他把这本书作为礼物送给了我，但我觉得有点尴尬，最后把书转赠给一位医学界的朋友。从神学来说，他没有宗教信仰，但从道德来说，他却是一个古板的清教徒。他显然是一个性欲很强的人，面庞因克己自制而扭曲变形。他的妻子是一位迷人的老妇人，称得上精明敏锐，但在年轻一代眼中却有些讨厌。两人有四个女儿和一个儿子，儿子在一战过后不久就去世了，我们从未谋过面。我在巴格利林地居住期间，他们的一个女儿曾来到牛津，师从吉尔伯特·默里学习希腊文，并拿着布林莫尔学院英国文学老师的介绍信找到我和爱丽丝。我与这个姑娘只见过几次面，但觉得她非常有趣，希望更深入地了解她。我准备去芝加哥的时候，她写信邀请我到她父母家暂住。她专程到车站接我，我立刻感觉到，同她在一起，要比与在美国遇到的任何人相处都要自在。我发现她写得一手好诗，而且对文学抱有突出而独特的感悟力。我在她父母家中住了两个晚上，第二天晚上，我是与她一起度过的。她的三个姐妹站岗，只要父母中的任何一方靠近，就会帮我们放哨。她很招人喜欢，虽不是传统意义上的好看，但却热情诗意、古灵精怪。她有一段孤独而不幸福的青春，而我似乎能给她所需的东西。我们一致认为她应该尽快来英国，我们可以公开在一起同居，如果离婚能办妥，未来或许还可以谈婚论嫁。在这之后，我很快便回了英国。我在船上写信给奥托琳，把这一切告诉她。然而，我的信正好和她的信错开，她在信中提出希望我们两人今后保持柏拉图式的恋爱关系。而看到我感情生活的新闻，加之我在美国治愈了牙龈溢脓，奥托琳改变了主意。只要奥托琳愿意，她仍能表现出一如既往的甜美可爱、让人难舍难分，但在相当长的一段时间里，她却很少在我面前展露如往昔美好的一面。我于6月回到英国，在伦敦找到了她。每逢星期二，我们都会去伯纳姆山毛榉林度过一天的时间。最后的一次远足，发生在奥匈帝国向塞尔维亚宣战[22]的那天。那时的奥托琳状态很好。与此同时，芝加哥的姑娘说服还被蒙在鼓里的父亲带她来欧洲。两人于8月3日起航。她来的时候，我的心里只有战争，既然已经决定公开反战，我不希望因为私人的丑闻自找麻烦，因为这会让我准备发表的任何言论变得无足轻重。因此，我觉得我们无法按之前的计划往下发展。她留在英国，我和她不时发生关系，但战争的打击扼杀了我对她的热情，我伤透了她的心。最后，她患上了一种罕见的疾病，先是瘫痪，然后精神错乱。在精神错乱的状态下，她把一切都告诉了父亲。我最后一次见到她是在1924年。那时，她已因瘫痪丧失了行走能力，但能在发病间歇有一段清醒的时光。当我与她交谈时，却能察觉这清醒之后潜伏着阴暗而疯狂的念头。据我所知，她从那以后就再也没有清醒过。在精神错乱之前，她拥有独特而非凡的头脑，甜美可爱且个性十足。如果没有战争的干扰，我们在芝加哥制定的计划或许会让两人都过上幸福美满的生活。时至今日，我仍为这场悲剧而扼腕。

1872 年—1914 年

1914 年—1944 年

1944 年—1967 年

通过目睹 死亡，

我对生命
获得了全新的热爱

第六章
战火

我为何而活：罗素自传
THE AUTOBIOGRAPHY
OF BERTRAND RUSSELL

被玷污的圣殿[1]
威廉·布莱克

我看见一座金砌的小教堂
无人敢踏入门内,
众人站在门外,
哭泣,哀悼,顶礼膜拜。

我看见一条大蛇
在白色的门柱之间挺身耸起,
使尽全力,用力撕扯,
直到金黄的铰链掉落:

沿着那芬芳的步道,
那镶嵌着璀璨珍珠与红宝石的步道,
他拖着闪亮而绵长的身体,
爬上纯白的祭坛。

他将毒液喷出，
溅在面包与酒上。
于是我踏入猪圈，
长眠于猪猡之间。

第六章 战火

1910年到1914年是一个过渡时期。我在1910年之前和1914年之后的生活，就如浮士德遇见梅菲斯特[2]之前和之后的生活一样泾渭分明。我经历了一段重焕青春的岁月，由奥托琳·莫雷尔开启，并因一战而延续。这场战争居然能振奋人们的精神，说来似乎很奇怪，但实际上，这场战争的确让我摆脱了偏见，鼓励我对一些基本问题进行重新思考。另外，战争也让我投身于一种新的活动之中，帮我驱散了每每试图回到数理逻辑研究时都困扰着我的一成不变。因此，我逐渐习惯把自己视为现实中的浮士德，而第一次世界大战则象征着我的魔鬼梅菲斯特。

7月末炎热的日子里，我在剑桥与所有的人讨论局势。我不相信欧洲国家会如此鲁莽地投入战争，但也认为，战争一旦打响，英国一定会参战。我强烈地感觉英国应该保持中立，于是募集了许多教授和研究员的签名，汇成一份号召中立的声明，发表在《曼彻斯特卫报》上。但宣战那天，几乎所有人都改变了主意。回顾过去，人们竟然对即将降临的灾难浑然不知，这似乎让人费解。8月2日是一个星期日，正如自传前文提到的，我看到凯恩斯匆匆穿过三一学院的巨庭，借妹夫的摩托车到伦敦去。[3] 我很快就发现，那是政府请他去提供财政方面的建议。这让我意识到，英国参战已是迫在眉睫。星期一早上，我决定动身去伦敦。我和莫雷尔夫妇在贝德福德广场共进午餐，发现奥托琳的想法与我完全契合，也支持菲利普在下议院发表和平主义演说的决心。我专门来到下议院，想要听听爱德华·格雷爵士那著名的演说[4]，但当天人山人海，我没能进去。不过我获悉，菲利普按计划发表了演讲。整个晚上我都在街上漫步，尤其是在特拉法加广场[5]附近，一边留心观察欢呼的人群，一边细心体察路人们的情绪。在这天和接下来的日子里，我惊讶地发现，普通民众竟对即将到来的战争满心兴奋。正如大多数和平主义者所主张的那样，我也曾经天真地认为，战争是由专制和不择手段的政府强加给民众的。在过去几年中，我注意到爱德华·格雷爵士是多么小心翼翼地撒谎，只为不让公众知道他用什么方法让英国在战争中得到法国的支持。[6] 我想，当公众发现他的满口谎言，一定会大为光火，谁知，公众却反倒因为不必承担道德责任而对他满心感激。

8月4日上午，我和奥托琳在大英博物馆后空荡荡的街道上徘徊，那里的一些建筑，现在已经被大学所用。我们灰心丧气地探讨着未来，而当我们向别人讲述即将到来的灾难时，却被当成疯子看待；然而事实证明，相比于真正降临的灾难，我们只不过是些叽叽喳喳的乐观主义者。当时，《国家周刊》每周二都要举行员工午餐会，我参加了8月4日的午餐会。我发现，马辛厄姆编辑对英国参战抱以强烈的反对态度，并热情欢迎我就反战主题为他的报纸撰稿。但翌日我却收到他的一封信，开头便说："今天的情况不同于昨天……"并表示他的观点发生了彻底的转变。虽然如此，他还是在下一期的《国家周刊》上刊登了我的一封抗议信。我不知道是什么改变了他的看法，只晓得阿斯奎斯[7]的一个女儿看到他曾在8月4日傍晚时分从德国大使馆的台阶走下来，我有些怀疑他因此事受到了警告，在危难当头的局势下，缺乏爱国主义是不明智的。在一战头一年左右，他仍然满怀爱国情怀，但随着时间的推移，他却逐渐忘记了自己的立场。我也饶有兴趣地发现，相比于实际的反战工作，许多和平主义政治家却更为关注反战运动应由谁来领导。然而，我只能与他们并肩合作，所以只能竭力把他们往好处想。

在这段时间里，我生活在极度的忐忑不安之中。我虽然远远没有预见到这场战争带来的全部灾难，但我的预见还是比大多数人严重得多。战争的前景让我担惊受怕，而更让我感到恐惧的是，想到战争即将带来杀戮，竟有大约百分之九十的民众表达了愉悦之情，这不得不让我改变了对于人性的看法。那时，我对精神分析学一无所知，却对人类激情得出了与精神分析学家别无二致的观点。这一观点，是在认真理解民众对于战争的看法后得出的。在那之前，我一直以为父母爱孩子是人之常情，但战争却让我相信，这种爱只是一个罕见的例外。我原以为大多数人爱财胜过其他一切，但后来却发现，人们对破坏的热爱甚至要更胜一筹。我原以为知识分子往往热爱真理，但却通过战争发现，他们当中热爱真理胜过名望的，还不到百分之十。

在这期间，我自己也饱受爱国主义的折磨。德国人在马恩河战役前的胜利让我心惊胆战，我像任何一位退役军官一样热切期盼德国被打败。对英国的爱要数我所拥有的最强烈的感情，在这样的时刻做出暂时搁置爱国之情的表象，于我是一种非常困难的割舍。然而，我对于自己必须完成的使命从未有过片刻的怀疑。虽然偶尔会被怀疑麻痹，虽然偶尔愤世嫉俗、麻木不仁，但当一战来临时，我能感觉自己仿佛听到了神的谕旨。我明白，反对战争是我的使命，无论这抗议有多么徒劳。我的身心全然投入在这份事业之中。作为一个热爱真理的人，所有交战国的国家宣传都让我作呕；作为一个热爱文明的人，野蛮的逆施让我震惊；作为一个想做父亲而不得的人，年轻人被屠杀让我扼腕。我知道，反对一战的效果几乎是杯水车薪，但仍觉得为了人性的尊严，那些还没有被战争的狂热冲昏头脑的人应该表明自己坚定不移的立场。目睹运送军队的火车从滑铁卢车站出发，我常常产生一种奇怪的幻觉，仿佛伦敦是个虚幻之地。我在想象中看到桥梁倒塌、下沉，偌大的城市如晨雾一般消散。伦敦的居民也仿佛是缥缈的幻影，我开始怀疑，我以为自己所存在的这个世界,是否只是发烧引起的梦魇的产物。[8] 然而,这种心境稍纵即逝,在我忙于工作之后便戛然而止了。

在一战的早期阶段,奥托琳给了我巨大的帮助和鼓励。如果没有她,刚开始的时候,我会处于孤立无援之中。但她对战争的仇恨从未动摇,坚决拒绝接受满世界流传的谣言与谎言。

一战争期间的每一个圣诞节,我都被一种暗无天日的绝望所笼罩,这种彻底的绝望让我打不起精神做任何事,只得无所事事地呆坐在椅子上,琢磨人类到底意义何在。1914年的圣诞节期间,我听从奥托琳的建议,找到了一种方法,让绝望的心境不再那么难以忍受。我代表一个慈善委员会造访贫困的德国侨民,调查他们的境况,给那些需要救济的人提供帮助。在工作过程中,我经历了许多战乱中非凡的温情事迹。在贫穷的社区里,本已捉襟见肘的女房东知道德国人在英国找不到工作,便经常让他们不付分文地长期居住,这样的事迹屡见不鲜。然而这一问题很快就不复存在,因为所有留英的德国人都遭到拘禁,但在一战的头几个月里,他们的境遇的确让人痛心。

1914年10月的一天,我在新牛津大街遇见了T.S.艾略特。我不知道他在欧洲,这时才发现他已从柏林来到英国。于是,我很自然地问起他对一战的看法。"我说不清楚,"他回答道,"我只知道我不是个和平主义者。"也就是说,在他看来,那些杀人的理由都说得过去。我和他成了好朋友,他与妻子在 1915 年初结婚，我后来也和他的妻子成了好友。当时他们夫妻两人穷困潦倒，我便把公寓里两间卧室中的一间借给他俩，因此我们时常抬头不见低头见。[9] 我很喜欢这夫妻俩，因此在两人困顿时尽力相助，最后却发现两人反倒以苦为乐。我在一家工程公司持有一些名义上价值三千英镑的债券，在一战期间，这家公司自然开始制造军火。我的良心非常不安，不知如何处理这些债券，最后干脆交给了艾略特。多年以后，一战结束，艾略特脱离了贫困，又把这些债券还给了我。

随着 1916 年的到来，战争变得更加激烈，国内和平主义者的处境也变得越发艰难。我和阿斯奎斯之间从未有过抵牾。在奥托琳结婚之前，他曾是她的一位爱慕者，我时常在她加辛顿的住处见到他。有一次，我在池塘里一丝不挂地沐浴，出水时却发现他就在岸边。首相与和平主义者之间的会晤应有的庄重，在这个场合之下多少有些不足。但无论如何，我估摸着他不至把我关押起来。在都柏林的复活节起义[10] 期间，三十七名良心拒服兵役者被判处死刑，我们一行几人动身去找阿斯奎斯，请求为他们减刑。虽然他正要动身去都柏林，但还是彬彬有礼地听取了我们的意见，并采取了必要的行动。普通民众甚至英国政府都认为，从法律上讲，良心拒服兵役者不应被判处死刑，但事实证明并非如此。若不是阿斯奎斯出面，其中许多人可能已经惨遭枪决。

相比之下，劳合·乔治[11] 是个更难对付的主儿。有一次，我和克利福德·艾伦[12]（"反征兵团结会"主席）和凯瑟琳·马歇尔[13]小姐一起去采访他，询问被入狱的良心拒服兵役者的情况。他唯一能见到我们的空当，是在沃尔顿希思高尔夫球场吃午饭的时候。我不愿接受他的宴请，但似乎没有别的方法。他态度友善而随和，但却没有给我们提供任何满意的答案。午餐后离开时，我用一种近乎《圣经》的风格对他进行了一番谴责，说他的名字将遗臭万年。从那以后，我就再也没能"有幸"和他碰面了。

随着征兵的开始，我几乎把所有时间和精力都用来处理良心拒服兵役者的事宜。反征兵团结会的所有成员都是达到服兵役年龄的男性，但也接受妇女和年长的男性作为非正式会员。由于原来的委员会成员全部入狱，我们便成立了一个临时替补委员会，由我出任代理主席。我的面前有大量的工作要做，一部分是维护个人的利益，一部分则是监视军事当局，确保他们没有将良心拒服兵役者送往法国，因为只有在被送往法国后，拒服兵役者才有可能被判处死刑。除此之外，我还要在全国各地发表大量的演讲。我在威尔士的矿区待了三个星期，有时在会堂里演讲，有时在户外演讲。我没有遇到集会被中途打断的情况，且凡是在工业区内发表的演讲，总能得到大多数听众的理解同情。然而，伦敦的情况可就不同了。

反征兵团结会的主席克利福德·艾伦是一个才华横溢、精明能干的年轻人。他不是基督徒，而是社会主义者。在信仰基督教与秉承社会主义的和平主义者之间维持和谐，这向来不是易事，但他却在这个问题上表现出了令人钦佩的公正。然而在

1916年的夏天,他却受到军事法庭的审判,并被关进了监狱。从那以后,在整个一战期间,我只在他几次服刑的间隙偶尔见过他。1918年初,他因健康原因被释放(其实,当时的他已濒临死亡),不久之后,我自己也成了阶下囚。

在克利福德·艾伦第一次被治安法庭传唤时,我第一次遇见了康斯坦斯·马勒森[14]夫人,她以科莱特·奥尼尔的艺名广为人知。科莱特的丈夫是演员兼剧作家迈尔斯·马勒森[15],于1914年入伍,但因一边的腿脚有些毛病而幸运退伍。在入伍后,他被和平主义立场的真理所说服,于是大方利用自己的有利处境,为良心拒服兵役者发声。我在治安法庭上注意到了科莱特,经人介绍与她结识。我发现她是艾伦的一位朋友,并通过他了解到,她不但慷慨贡献自己的时间,秉承自由的思想,而且全身心地信奉和平主义。我也亲眼看到,她是个年轻貌美的尤物。她初登舞台,接连出演了两部剧的主角,很快便声名鹊起,但恰逢一战爆发,她便把白天的时间全部拿出来,待在反征兵团结会的办公室,在信封上写地址。听到这些情况,我便自然开始想办法加深对她的了解。

这段时间,我和奥托琳的关系逐渐疏远起来。1915年,她离开伦敦,住在牛津附近加辛顿的庄园别墅里。这是一幢曾经被用作农舍的漂亮的老房子,她满心想要把房子的一切潜力重新发挥出来。我常去加辛顿找她,但发现她对我的态度有些冷淡。我想再找个女人来帮我排忧解难,无奈一直没有成功,直到科莱特的出现。治安法庭的诉讼结束后,我在一群和平主义者的晚宴上又遇到了科莱特。我和其他一行人步行陪她从餐馆走回她的住处,那是罗素广场附近的伯纳德街 43 号。我被她深深吸引,但除了告诉她几天后我要在贝克街的波特曼厅发表演讲外,我没有机会做什么。在波特曼厅发表演讲时,我看到她坐在前排的座位上,于是邀她在会后到一家餐馆吃晚饭,餐后陪她一起走回住处。不同于上一次,这次,我进了她的家门。她年纪很轻,但我却发现她拥有一种与奥托琳相仿的沉稳的勇气(勇气是我真心爱过的所有女性必备的一个特质)。我们聊到大半夜,在聊天的中途便成了恋人。有人说恋爱需谨慎,但我不同意这种说法。我们对彼此几乎什么都不了解,但就从那一刻起,一段严肃而意义重大的关系便在我们之间展开。这段关系有时快乐,有时痛苦,但绝非微不足道、不值得与一战激起的伟大公众情绪相提并论。的确,这段爱情自始至终都与这场战争紧密交缠在一起。第一次和她上床的时候(我们第一次确立关系时并没有上床,因为有太多的话要说),我们突然听到街上传来一种野兽般狂野的欢呼。我从床上一跃而起,看到一架燃烧的齐柏林飞艇[16]从空中坠落。民众之所以欢呼,是为勇敢战士在痛苦中惨死而兴奋。在那一刻,科莱特的爱为我营造了一个避难所,我并非在逃避不可避免的残酷本身,而是在逃避对人之本性的领悟引来的心如刀绞。记得一个星期天,我们到南唐斯丘陵散步。傍晚时分,我们来到刘易斯车站乘火车回伦敦。车站里挤满了士兵,大多数都是回前线去的,几乎所有人都喝得酩酊大醉,其中一半人的身边是醉醺醺的妓女，另一半人的身边则是妻子或恋人，人人都是一副心如死灰、自甘堕落、毫无顾忌的样子。战争世界的残酷与恐怖将我吞没，但我紧紧依偎在科莱特的身边。在一个充满仇恨的世界里，她仍然守护着爱，从最为稀松平常的爱，再到最为铭心刻骨的爱。她拥有一种如磐石般不可撼动的特质，在那段岁月里显得弥足珍贵。

齐柏林飞艇被击落的那个夜晚过后，我一大早就离开她，回到我当时寄住的哥哥在戈登广场的家。我路过一位大声叫卖"娇艳的玫瑰！"的卖花老人，于是便买了一束玫瑰，把钱付给他，让他把花送到伯纳德街。人人都会推测，老人一定会把钱揣进兜里而不去送花，但事实并非如此，而我也知道他不是这种人。从那以后，每每想到科莱特，"娇艳的玫瑰"这几个字便会习惯性地涌上心头。

我们来到巴克斯顿之上的旷野，在"猫咪和小提琴"旅馆度过了三天蜜月（我只能从工作里抽出这么多时间）。天气极其冷冽，早晨，就连壶里的水都结成了冰。但这萧索的旷野与我们的心境很相宜。赤裸荒芜的景致，给人一种广博浩瀚的自由感。我们用白天的时间远足，夜晚的时间则在款款深情中度过，这种深情能够消融世间所有苦痛，却能从中提炼出一种几乎超越于人类体验之上的狂喜。

在刚开始的岁月里，我并未意识到对科莱特的爱有多么深沉。我已经习惯性地认为，我将所有深沉的感情都给了奥托林。科莱特比我年轻得多，远不像奥托琳那样是个社会要人，也更容易耽于轻浮的享乐之中，因此我无法相信自己的感情，推想我俩只是一对露水情人。圣诞节时，我去加辛顿暂住，在那里参加了一场盛大的聚会。凯恩斯也参加了聚会，为两只狗朗读了结婚誓词，誓词的结尾是："人配合的，狗不可分开。"[17] 我终于意识到，我必须把对奥托琳的感情抛诸脑后，因为她已不再积极回应我的付出，无法给我带来任何快乐。

一战将我带到了彻头彻尾的玩世不恭的边缘，让我几乎无法相信这世上的一切有什么意义可言。有的时候，我会感到一阵阵的绝望，一连数日都百无聊赖地坐在椅子上，除了偶尔读读《传道书》[18] 外，干什么都提不起劲。而伴随着这段时间的结束，春日重回大地，对于与科莱特的这段关系，我也逐渐抛弃了困扰着我的种种怀疑和犹豫。然而在陷入冬日绝望的谷底之时，我仍找到了一件可做的事情。虽然事实证明，这件事和其他一切一样毫无意义，但在当时的我看来，尝试一下也并非毫无意义。当时的美国仍然保持中立，于是我便给威尔逊总统[19] 写了一封公开信，呼吁他拯救世界。我在信中这样写道：

> 总统阁下：
>
> 现在，您的面前摆着一个为人类做出重大贡献的机会，甚至超过亚伯拉罕·林肯的伟绩。您有能力为这场战争带来公正的和平，这将极大地减轻人们对于

即将发生的新战争的恐惧。拯救欧洲文明免遭毁灭尚且为时不晚；但是，如果听任战争继续像我们的军事家威胁的那样持续两三年，恐怕就真的来不及了。

当前的军事形势已经发展到一定程度，终极问题的大致轮廓，但凡具有思维能力的人都能看清。所有交战国当局都明白，任何一方都不可能取得胜利。德国人在欧洲占有优势；在欧洲以外和海上，则是协约国占上风。任何一方都不能取得压倒性的胜利，迫使另一方求和。战争给各国造成了难以计数的伤害，只是还没有到让战争无法继续下去的程度。很明显，无论战争拖延多久，人们最终将不得不以当前的得失平衡为基础进行探讨，得出的条款也与现在可能得出的条款无甚不同。德国政府已经认识到这一事实，并表示愿意提供至少可以作为谈判基础的条件，因为这些条件在涉及协约国尊严的问题上有所让步。但协约国政府却没有勇气公开承认其私下无法否认的事实，即大获全胜在当前是几乎不可能实现的。由于缺乏这种勇气，他们宁愿让欧洲陷入可能持续两三年的战争的恐怖之中。这样的局势，是每个有人性的人都无法容忍的。而您，总统阁下，则有能力结束这一切。您的力量是一种机会和责任；从您之前的行动来看，我相信您在运用权力时能够表现出政治家少有的智慧和人性。

这场战争所造成的伤害是无法估量的。数百万人失去了宝贵的生命，致残或失去健康的人更是不计其数，且整个文明的标准也出现退步。恐惧已经侵入了人们的内心深处，而总与恐惧相伴的凶残也紧随其后。仇恨已经成为生活的法则，相比于造福自己，人们更加渴望伤害别人。我们早年所抱有的和平发展的希望已经破灭，而且永远不可能重燃。恐怖和野蛮已经成为我们呼吸的空气。我们的祖先通过几个世纪的斗争而取得的自由却被如此毁于一旦，所有的国家都笼罩在严格管控之下，迈向相互毁灭的悲惨结局。

但是，如果战争像我们的一些领导人物所宣称的那样持续下去，那么与这样的未来带来的悲惨命运相比，当前的一切苦难便不值一提。压力越积越多，对战争的厌倦让平民百姓躁郁不堪，镇压也必将变得越发严厉。在所有交战国中，那些受伤或休假回家的士兵都对战壕表示出极度的厌恶、对达成军事决策灰心丧气、打从心底深切渴望和平。我们的军事家反对赋予士兵投票权，他们的反对得逞了；然而所有的国家都在试图说服平民相信，厌战只是敌方士兵才有的情绪。每天，年轻战士的死亡人数都让人触目惊心，然而在任何地方，宣扬和平都被指责为对于士兵的背叛，而实际上，士兵要比任何人都更加期盼和平。爱好和平的朋友到处遭遇恶毒言论的抨击，这些抨击宣称，牺牲战士的鲜血不应白流。就这样，对于那些尚存于世的战士的每一丝怜悯也被耗尽,被一种对于那些我们已爱莫能助之人的虚假而空洞的忠诚所湮灭。就连那些之前留下来从事军火制造、码头劳动以及其他对战争不可或缺的工作的男性,也被一个个征召入伍,他们的工作由妇女接手,甚至还有邪恶的声音威胁使用有色人种劳动力。危险已经迫在眉睫,若不采取措施遏制激愤的民族情绪,我们所知的欧洲文明将彻底毁灭,重蹈罗马被蛮族征服的覆辙。

公众舆论似乎支持当局为发动战争采取的一切措施,这或许会让人匪夷所思。然而,这种表象具有很大程度的欺骗性。积极主张继续战争的,除了有影响力的人士之外,还有作为政府喉舌的铺天盖地的报纸。而除此之外,社会各界的态度却与报纸所表达的完全不同,虽然如此,公众的呼声仍然处于喋声和闭塞的窘境,因为那些能够指引民众的人有可能受到极其严厉的惩处,因此很少有人敢于公开抗议,而那些少数的发声者也无法得到广泛的宣传。通过大量的个人经验,加上从别人那里获知的信息,我相信几乎人人都渴望和平,这不仅限于士兵,也包括工薪阶层,连工资高且工作稳定的人员也包含其中,尤其是在工业区内。如果就是否应该展开和平谈判的问题举行平民表决,我相信绝大多数人会赞成这一方针,连法国、德国和奥匈帝国的民众也是如此。

对持续敌对行动的默许完全是恐惧带来的结果。每个国家都将侵略者视为自己的敌人，担心若不彻底击败，对方几年后便可能再次发动战争。美国政府不仅有能力迫使欧洲各国政府实现和平，而且有能力充当和平的担保人，从而使民众安心。这种行动即使受到各国政府的不满，也会得到民众的拥护。如果德国政府不仅同意归还被征服的领土，并且遵守执行和平联盟的规章或其他类似的和平手段解决争端，便能平抚这种恐惧的情绪，且这种可能性尚且存在。几乎可以肯定的是，由您提出的调停号召，一定会带来有利于和平协商的势不可当的趋势。无奈战争已经陷入一种僵局，除非通过第三方大国力量的调解，战争便不可能很快结束，而这种调解只能由您发起。

　　有人可能会问我有什么权利给您写信。我没有正式的头衔，不是政府机器的组成部分。之所以发声，只是因为我有话要说；因为一些本应将人类文明和兄弟情谊铭记在心的人，却任由自己被狂热的民族主义冲昏头脑；他们对于文明和兄弟情谊的背弃，迫使我不得不以理性和仁慈的名义发声，以免人们认为欧洲已无人记得这片土地为人类做过，以及应该继续做出的贡献。在这个世界上，既有的思想、科学、艺术、政府理想，以及对未来的希望，大多都应归功于生活在欧洲内外的欧洲民族。如果任由他们在无谓的屠杀中互相毁灭，损失的资源，要比外交特权更加宝贵，更是远比战胜方自取灭亡的无谓胜利更加无价。与我的同胞们一样，我热切希望协约国能够取得胜利；与他们一样，我也因胜利的姗姗来迟而感到痛苦。但我始终记得，欧洲各国有共同的使命要完成；欧洲各国之间的战争，本质上只是一场内战；我们眼中敌人的缺陷，也正是敌人眼中我们的缺陷；在战争时期，交战国难以真正看清事实的全貌。最重要的是，我认为战争中的任何问题都没有和平重要；与继续战斗所造成的灾难相比，为和平放弃一些需求所带来的损失是微不足道的。在欧洲，所有掌权人士都在为各自误信的民族利益所辩护，而我却被一种深刻的信念所驱使，笃信应以欧洲之名为欧洲所有国家发声。以欧洲之名，我请求您为我们带来和平。

在当时的审查制度下，这类文件很难寄出，但海伦·达德利的姐姐凯瑟琳经常来英国看望她，答应把信带回美国。她找到了一种巧妙的方式把信藏起来，并及时把信交给一家美国和平主义者委员会，通过他们发表在几乎所有的美国报纸上。从这封信可以看出，我和当时的大多数人一样认为，一战不可能以任何一方的胜利告终。如果美国继续保持中立，局势必定如此收场。

从1916年年中到1918年5月入狱，我一直埋首于反征兵团结会的事务。我和科莱特共处的时光都是从和平主义的工作中挤出来的，即使在一起的时候也多半从未离开这个话题。克利福德·艾伦间或能出狱几天，一旦有拒绝服从军令的表现，便会被再次带回军事法庭受审。我和科莱特经常一起出席他的庭审。

克伦斯基的革命[20]爆发时，同情者在利兹举行了一场集会。我在会上发言，科莱特和她的丈夫也在。在去利兹的车上，我们和拉姆齐·麦克唐纳[21]同坐一个车厢，一路上，他用油滑的苏格兰幽默滔滔不绝地讲些冗长的故事，无聊得让听者几乎意识不到笑点在哪儿。利兹集会达成协议，决定尝试在英格兰和苏格兰各地建立组织，以期按照俄国模式促进工人和士兵代表苏维埃的发展。为此，伦敦绍斯盖特的兄弟会教堂举行了一次会议。爱国派的报刊在附近的所有酒吧（这是一个很穷的地区）散发传单，说我们已与德国人串通，还向他们的飞机发出信号，指挥他们往哪里投炸弹。此举使我们成了附近民众的眼中钉，没过多久，就有一群暴民包围了教堂。我们中的大多数人都认为抵抗是邪恶或不明智的选择，因为我们中的一部分人属于彻底不抵抗主义者，而另一部分人则明白我们势单力薄，无法抵抗周边贫民窟的人群。我记得，包括弗朗西斯·梅内尔[22]在内的几个人试图反抗，最后却满脸是血地从门口退回。暴徒在几名警察的带领下冲了进来；除了警察之外，所有人都醉醺醺的。最凶残的要数那些泼妇，她们手持木板，上面钉满了生锈的钉子。那几个警察想要劝诱我们中的妇女先撤离,好让暴民随意整治我们这些男性和平主义者,也就是他们眼中的懦夫。面对这种场景,斯诺登夫人[23]的表现十分令人钦佩。她断然拒绝离开大厅,除非对方允许男士也一同离开。在场的其他妇女都同意她的看法。这给负责施暴的警察来了个下马威,因为他们不大情愿对女性动粗。然而这时,暴民们已经怒不可遏,局势乱作一团。所有人都只得尽力躲避袭击,而警察却从旁不动声色地袖手旁观。两个酩酊大醉的泼妇用插满钉子的木板攻击我。我正在心想该如何抵御她们的袭击时,我们中的一位女士来到警察面前,叫他们保护我,但对方只是耸耸肩。"他可是一位杰出的哲学家啊!"那位夫人请求道,但警察仍是耸肩。"他可是闻名于世的博学家呀!"她继续说道,而警察仍然不为所动。最后,她只能大声喊道:"他还是伯爵的弟弟呢!"听到这里,警察才冲过来帮我。可他们来得太晚,已经没什么意义了,这位我不知姓名的年轻女性救了我的命,是她挡在我和几个泼妇之间,才让我有时间逃脱。值得庆幸的是,她并没有受到攻击。但在撤离教堂时,包括几名女性在内的很多人的衣服都被人从背后扯掉了。科莱特当时也在场,但我和她之间隔着一大群暴民,直到我们两人都走到外面,我才找到她。就这样,我们垂头丧气地一起回了家。

到了这个时候,我和政府的关系已经急剧恶化。1916年,我写了一本小册子,由反征兵团结会出版,讲述了一个良心拒服兵役者如何被当局不顾良心条款[24]而被关入监狱。

传单上没署我的名字，但我怎么也没有想到分发传单的人会被捕入狱。因此我写信给《泰晤士报》，声明这篇文章的作者是我。就这样，我被带到伦敦市长官邸，在市长面前被起诉，还做了长篇的自我辩护。这一次，我被判处一百英镑的罚款。我拒绝支付这笔钱，因此他们便变卖了我在剑桥的物品来抵付罚款。然而，好心的朋友又把这些财物买了回来，返还给我，让我觉得自己的抗议多少有些白费力气。与此同时，在三一学院，所有年轻的研究员都被授以军官职务，年长些的人也自然想要尽一份力。就这样，学校剥夺了我的讲师职位。等年轻人在一战结束后回校时，我也收到了邀请，但此时，我已无心返校了。

说来也怪，军火工人却大多是和平主义者。我在南威尔士向军火工人发表的所有演讲都被侦探们加以歪曲，致使英国陆军部发布命令，禁止我进入任何禁区。所谓禁区，是指那些尤其杜绝间谍进入的区域，整个沿海地区都包括在内。代理人诱导陆军部声明，他们并不认为我是德国间谍，但仍不允许我靠近任何沿海区域，生怕我会向敌军潜艇发信号。当时我在东萨塞克斯郡的博瑟姆与艾略特夫妇同住，禁令发出当天，我人在伦敦。因此，我不得不叫他们把我的发刷、梳子和牙刷带来，因为政府不允许我自己去拿。要不是政府对我的种种"优待"，我早就放弃和平主义的工作了，因为我已经认定这项工作完全是一种徒劳。然而，我意识到政府并不这样认为，于是觉得自己可能判断有误，决定继续进行下去。暂且不谈我做的工作是否有益，但我没法因为担心后果就善罢甘休。

然而，在犯下导致我被判入狱的"罪行"时，我其实已经下定决心，认为再坚持下去也没有什么意义，而哥哥也向政府告知了我的决定。当时有一份由反征兵团结会发行的名为《法庭周报》的小报，我每周都会写社论。卸任主编后，新来的主编告了一周的病假，在最后时刻让我代笔。于是我便写道，美国士兵将在英国受雇充当工贼[25]，这是他们在自己的国家里惯常的职业。另外，我还引用了一份参议院报告为据。因为这件事，我被判入狱六个月。然而，这远非一段痛苦的经历，不但让我维护了自己的尊严，也让我思考了一些比世界末日积极很多的事情。在阿瑟·贝尔福[26]的安排下，我被安排到第一分区[27]，这样在监狱里，只要不进行和平主义的宣传工作，我就可以随心所欲地读书写作。我觉得，这样的监狱从方方面面来说都很惬意。我没有约会要赴，没有艰难的决定要做，不必担心有人来访，也没有什么打扰我的工作。我博览群书，创作出了《数学原理》的半通俗版本《数理哲学导论》，并动笔写作《心灵分析》。我对我的狱友们很感兴趣，在我看来，他们在道德上丝毫不比其他人差，但从被捕入狱这一点可见，他们的整体智力水平要比普通人稍逊一筹。对于任何没能在第一分区服役的人而言，尤其是对于习惯读书写作的人来说，监禁是一种严厉而可怕的刑罚；但多亏有阿瑟·贝尔福相助，我才逃过一劫。虽然我强烈反对他的一切政策，但还是要感谢他的出手相助。我刚到，负责记录我所有信息的监狱看守就给了我一个大乐子。他询问我的宗教信仰，我回答"不可知论者"。他问这个词怎么拼写，然后叹了口气，说："好吧，世上有千千万万的宗教，但我猜，大家崇拜的都是一个上帝。"这句话让我开心了一整个星期。有一次，我在阅读斯特雷奇的《维多利亚女王时代四名人传》[28]时，不禁大笑出声，引得看守跑过来加以制止，提醒我切记监狱是刑罚之地。还有一次，中国诗歌翻译家阿瑟·韦利[29]给我寄来了一首他当时尚未发表的英文版《红鹦鹉》[30]，诗文如下：

> 安南远进红鹦鹉，
> 色似桃花语似人。
> 文章辩慧皆如此，
> 笼槛何年出得身。[31]

我每周可以接待一次访客，虽然看守每次都要在场，但这仍是件愉快的事。奥托琳和科莱特两人轮流过来，随行还带了另外两个人。我发现，把信件放在未裁毛边的书里可以偷运出去。当然，我不能当着看守的面解释这个方法，所以便进行了一次实验，把《伦敦数学学会学报》给奥托琳，说这本期刊的内容要比看上去有趣得多。在想出这一招之前，我还找到了另一种方法，把写给科莱特的情书夹在需要监狱长过目的信里。我假称在读关于法国革命的回忆录，发现了吉伦特派[32]的布佐[33]写给罗兰夫人[34]的信。我用法语写这些信，说是从一本书中抄下来的。布佐的境遇与我十分相似，所以这些信看上去还真像那么回事。总之，我猜想监狱长不懂法语，但又不肯承认自己的无知。

我在狱中的心情点滴，从下文摘录的给哥哥的信中可见一斑，所有这些信件，都必须经监狱长之手：

（1918年5月6日）……"生活在这里，如同生活在远洋客轮上；与一群普通民众关在一起，除了钻进自己的客舱之外，便无处可逃。我完全看不出这些人有什么地方比一般人恶劣，面相是我唯一判断的标准，如果能从面相推出性格的话，他们可能只是意志力稍逊于普通人罢了。这一点主要适用于那些因为欠债不还而入狱的人。那天见到你，真是太开心了。下次你来的时候，我希望你再带两个人来，你和伊丽莎白[35]都有名单。我渴望尽可能多和朋友们见见面。你好像觉得我对友情渐渐失去了兴致，但我敢说，你错了。我是不会厌倦和喜欢的朋友见面的，但只是对他们的思念，就已经给予了我巨大的满足。我发现，在心中重温我种种美好的往事，也不失为一种安慰。

焦躁和烟草的匮乏并没有如想象那样让我心烦意乱，但毫无疑问，那一天会来的。把职务抛诸脑后的假期惬意极了，几乎让一切都显得不再重要。在这里，我对世界了无牵挂，神经和意志的放松让人神清气爽。我可以放下折磨人的问题：我还能再多做些什么？还有什么我没想到的有效措施吗？我有权对这烂摊子放手不管,回归到哲学吗?在这里,我不得不对一切放手不管,这比主动选择放手,然后纠结自己的选择是否正确要轻松得多。监狱具有天主教会的一些益处……"

(1918年6月10日)……"在这种条件下待在这里,并不像我在巴黎大使馆当随员的几个月那样痛苦,也不像我在补习学校度过的一年半那样熬人。那里的年轻人几乎都要入伍或进教会,因此道德水准要比一般人低得多……"

(1918年7月8日)……"我一点也不焦虑不安,反倒轻松愉快。刚开始的时候,我一直在为自己的事情烦恼,但(我觉得)并没有到过分的程度。而现在,我已经几乎不会为这种事情烦心,因为我已经尽了一切努力。我博览群书,在哲学思考方面也颇有收获。虽然这么说很奇怪也有失理智,但事实上,军事形势对我心情的影响非常大:协约国打得漂亮时,我就心情大好;但协约国若是表现不佳,我便会对看似与战争八竿子打不着的事情忧心忡忡……"

让我不愿坐牢的只有一件事,这件事和科莱特有关。恰好在我爱上她整整一年后,她竟爱上了别人,但她不希望这对她和我的关系产生任何影响。然而,我却妒火中烧。[36] 我很不喜欢她的新情人,而且并非完全没有道理。我们吵得不可开交,两人的关系再也恢复不到从前。在监狱的整段时间里,我一直被嫉妒所折磨，因无力感而失去理智。我认为嫉妒是一种可耻的情绪，也并不觉得自己应当沉浸其中，即便如此，我仍被这种情绪所吞噬。当我第一次感到难以抑制的嫉妒时，一连两个星期，我几乎每晚都辗转难眠。最后，我只得请医生开了安眠药才得以入眠。现在的我能够认识到，那种情感完全是庸人自扰，科莱特对我的感情死心塌地，无论经历多少纷扰纠葛，都能坚定不渝。但我怀疑，现在的我之所以能够在这些问题上秉持哲学的心态，与其说是出于哲学的伟大，不如说是出于生理上的衰退。当然，那时的她的确还很年轻，不可能一直生活在我当时身处的那种极度严肃的气氛中。但是，尽管现在能够理智看待这一点，但当时的我还是任由嫉妒驱使我对她极尽谴责诋毁，这也自然导致她对我的感情冷淡了许多。直到1920年，我们都一直保持恋人关系，只是再也没能重拾第一年那种水乳交融的美好。

我于1918年9月出狱，那时，一战结束的迹象已经非常明显。在最后的几个星期里，和大多数人一样，我把希望寄托在伍德罗·威尔逊身上。一战的结束是如此迅速和富有戏剧性，以至于所有人都来不及调整情绪适应局势的剧变。11月11日上午，我比一般公众早几个小时得知停战协定[37]即将生效。我走到街上，把这个消息告诉了一位比利时士兵，他说："Tiens, c'est chic！"[38]我走进一家烟草铺，把消息告诉接待我的女士。"我很高兴，"她说，"终于可以把扣押的德国人赶走了。"停战协议于十一点宣布，当时我正在托特纳姆法院路。不到两分钟的时间，所有商店和办公室里的人都拥到街上。他们强占了公共汽车，指挥司机把车往他们想去的地方开。我看到一对素不相识的男女在路中央相遇，在擦肩而过时彼此亲吻。

我独自一人在街上待到深夜，就像我在四年前的 8 月那样观察人群的情绪。人群仍然轻浮狂躁，在这段恐怖的岁月里什么也没学到，只会比以前更肆无忌惮地醉生梦死。在一片欢声笑语中，我却感到一种无以名状的孤独，就像是从某个星球凑巧落在地球上的幽灵。的确，我也感到了喜悦，只是无法在我的喜悦和人群的喜悦之间找到任何共通之处。一生之中，我一直热切渴望融入大众，感受到热闹人群中的成员能够感受到的归属感。这种渴望是如此强烈，常常引我产生自我欺骗的幻觉。我曾把自己想象成自由主义者、社会主义者或和平主义者，但从真正意义来说，我从未归属于其中任何一个群体。最希望让质疑的理智一面噤声时，这理智却偏偏轻声向我提出质疑，将我与他人肤浅的热情隔离开来，把我带入凄凉的孤寂之中。在一战期间，当我与贵格会[39]教徒、不抵抗主义者和社会主义者共事时，当我仍愿意接受非主流观点带来的排挤和不便时，我会告诉贵格会教徒，我觉得历史上的许多战争都是合理的，却对社会主义者表示，国家的暴政让我恐惧。他们会向我投来睥睨的目光，虽然继续接受我的帮助，但并不把我当成他们中的一员。从青年时代起，我就能在一切消遣和享乐背后体察到一种痛苦的孤寂。在恋爱时，我几近逃离了这种痛苦，然而回想起来，即便置身于恋爱之中，这种逃离在一定程度上依然是幻觉所致。[40] 在我认识的女人中，没有一个能像我这样对理智有着如此彻底的需求，而我发现，每当理智介入时，我在爱情中所寻求的共情便往往会失衡。在我看来，斯宾诺莎[41]所说的"对上帝的理智之爱"是最好的生活准则，但我连斯宾诺莎所承认的那个有些虚无抽象的上帝都没有，更何谈寄托我的理智之爱。我只是爱过一个幽灵，而在爱这幽灵的过程中，内心深处的自我也成了鬼影。因此，我用生活的层层喜悦、情感和快慰，将这自我埋藏得越来越深。然而，我最为深沉的感情却始终是孤独的，在人世间找不到陪伴。对我来说，大海、星辰、荒原的夜风，甚至比我最爱的人还要重要。我意识到，对我来说，人类的感情其实只是一种对上帝求而不得的逃避。

一战的结束，让我避免了几桩原本会落在我身上的烦心事。1918 年，服兵役的年龄提高，我第一次有了服兵役的义务，不消说，这是我必须拒绝的。政府通知我去体检，却无论如何也找不到我的下落，原来，他们把关我入狱这件事给忘了。如果战争继续下去，我估计很快又会因良心拒服兵役被关入狱。从收入的角度来看，一战的结束对我也是有利的。在写作《数学原理》期间，我觉得靠遗产生活无可厚非，却觉得不应保留从奶奶那里继承的一笔额外的资产。我把这笔钱悉数捐了出去，一部分捐给了剑桥大学，一部分捐给了纽纳姆学院，其余的捐给了各种各样的教育机构。在把我的债券送给艾略特之后，我每年的非劳动所得收入大约只剩下一百英镑，这是一笔写在婚姻协议里、所以没法取消的收入。但这似乎无伤大雅，因为我已经可以靠出书赚钱了。但是在监狱里，我虽然可以写数学方面的著作，却不能创作那些可以赚钱的通俗读物。因此，若不是桑格和其他几位朋友帮我在伦敦谋了一个哲学讲师的职位，我在出狱时就近乎身无分文了。随着一战的结束，我又能靠写作挣钱了。从那以后，除了在美国期间，我再也没有遭遇过严重的经济困难。

一战的结束也改变了我和科莱特的关系。在战争期间，我们有许多共同之处，对于战争激起的各种强烈情感也深有共鸣。战后，我们却变得更加难以相处，关系也紧张起来。我们时不时地闹分手，但事实证明，这一次次的诀别都会出乎意料地草草收场。1919年夏天的三个月里，利特尔伍德（数学家）和我在离卢沃斯湾大约一英里的山上租了一间农舍。农舍里的房间很多，整个夏天来客络绎不绝。这里的风景极其壮美，开阔的海岸尽收眼底。这里很适合游泳，还有一些地方可供利特尔伍德大显攀岩的本领，对于这项运动，他堪称行家里手。与此同时，我也对我的第二任妻子产生了兴趣。1916年，我通过她的朋友多萝西·林奇[42]第一次与她结识。她们两人都在格顿学院[43]读书，多萝西·林奇是我的学生。1916年夏天，林奇安排了一次两天的徒步旅行，参与者有她本人、朵拉·布莱克、让·尼科德和我。让·尼科德是一位年轻的法国哲学家，也是我的一位学生，他因为患有肺结核而躲过了战争（他于1924年死于该病）。在我认识的人中，他非常惹人喜爱，不仅为人谦和，又聪明绝顶。他那异想天开的幽默，让我耳目一新。有一次，我对他说，学哲学的人应该努力去理解世界，而不是像在大学里那样仅仅了解从前哲学家建立的体系。"没错，"他回答道，"但这些哲学体系要比这个世界有趣多了。"我以前没见过朵拉·布莱克，她一下子便引起了我的注意。我们在谢尔过夜，为了打发晚饭后的时间，我问每个人在生活中最向往什么。多萝西和尼科德的答案我已经不记得了；我的回答是，我想像阿诺德·贝内特的《活埋》[44]里的主人公一样销声匿迹，只要能让我像他那样在帕特尼找个寡妇。令我吃惊的是，朵拉居然表示她想结婚生子。在那之前，我一直认为没有哪个聪明的年轻女子会把如此质朴的愿望公之于众，因此我推断，她一定是个非常真诚的人。与我们其他人不同，当时的她还不是个彻底的反战主义者。

1919年6月，在多萝西·林奇的建议下，我邀请朵拉到我和克利福德·艾伦在巴特西的合租公寓里喝茶。她如约而至，我们就父权问题展开了激烈的争论。她表示，就她个人而言，如果有了孩子，她会认为孩子完全属于自己，不愿承认父亲的权利。我怒气冲冲地回应道："好啊，我无论跟谁生孩子，都不会选你！"这一架吵完后，我在翌日与她共进晚餐，夜晚将尽时，我们商定让她来卢沃斯湾长住一段时间。那一天，我和科莱特又一次闹分手，这次分手比之前更加决绝，我觉得我们很可能就此两不相见了。谁知道，在我和利特尔伍德到达卢沃斯湾的第二天，我竟然收到了科莱特的电报，说因为几个小时后才会有火车，她干脆租了一辆车，正在赶来的路上。好在，距离朵拉要来的日期还有几天，但整个夏天，我都在避免两人的时间撞在一起，可谓费尽心机、狼狈不堪。

在卢沃斯湾的那段时间里，我的感情经历了剧烈的波动，这些皆因科莱特的行为导致。她有三种迥然不同的情绪：一种是忠贞热切的爱恋，一种是因无奈而永远分手的决绝，还有一种是若即若离的冷漠。每一种情绪都能在我心中激起不同的波动，但我通过她附上的信认识到，这种波动比我记忆中更加激烈。我们之间的书信往来让我意识到，记忆因为混入情感而不能准确反映现实。她们两人都知道对方的存在，但如何处理得圆滑体面，却绝非易事。朵拉来到卢沃斯湾后，我和她成了恋人，那年夏天，有她在身边的时光显得格外愉快。我与科莱特之间的龃龉主要在于她不愿意要孩子，而我觉得，如果想要孩子，就不能再拖延下去了。而无论有没有婚姻，朵拉都非常愿意生孩子，因此我们从一开始就没有采取任何避孕措施。发现我们的关系几乎从一开始便具备了婚姻的全部特征，她不禁有些败兴，当我告诉她我乐意离婚并娶她为妻的时候，她竟一下子泪如雨下，大概是认为独立自主和无忧无虑的生活就要画上句号的缘故。然而，我们对彼此的感情都非常稳定，因此，任何比婚姻随意的关系都不适合。那些仅在公共场合与她打过交道的人，都很难相信她在不为职务所困时展现出的小精灵般的魅力。她在月光下游泳，或是赤足在沾满露珠的草地上奔跑。她彻底唤醒了我对养儿育女的渴望以及对社会的责任感，也全然激发了我的憧憬与遐思。

在卢沃斯湾的日子里，我们享受着愉快的户外活动，游泳的时光尤其惬意，天南海北地闲聊也让我极为享受。在那个年代，广义相对论较为新颖，我和利特尔伍德经常一聊就没完没了。我们常常争论从住处到邮局的距离是否等于从邮局到住处的距离，但却一直没有争出结论来。那场探险队日食观测[45]验证了爱因斯坦关于日食期间光线弯曲的预言，利特尔伍德也在这段时间收到了爱丁顿的电报，告知他观测结果与爱因斯坦的预测相符。

夏日、大海、美丽的乡野、愉快的伙伴，加上爱情的绽放和一战的结束，营造出一种几近理想的美好氛围。夏末，我回到克利福德·艾伦在巴特西的公寓，朵拉去了巴黎，继续以格顿学院研究员的身份进行17和18世纪法国自由主义哲学开端的研究。我和她偶尔见面，时而在伦敦，时而在巴黎。与此同时，我与科莱特也没有断开联系，处在一种左右摇摆的心态之中。

圣诞节时，朵拉和我在海牙见面，我到那里探望好友维特根斯坦。我第一次认识维特根斯坦是在战前的剑桥。他是奥地利人，他父亲是一位富豪。维特根斯坦想成为一名工程师，为此去了曼彻斯特。在研习数学的过程中，他对数学原理产生了兴趣，并在曼彻斯特打听谁对这门学科有研究。有人提到了我的名字，他便在三一学院住了下来。说到传统意义上的天才，他或许是我所认识的人中最完美的案例，将热情、深刻、犀利和专横集于一身。记得有一次，我带他去参加亚里士多德学会的会议,会上有各种各样的蠢人小丑,但我仍然保持彬彬有礼。离开会议时,他则斥责我没有当面戳穿这些人的愚蠢,无异于道德沦丧,竟然气急败坏、暴跳如雷。他虽然生活在动荡不安之中,但却拥有惊人的毅力。他基本上只靠牛奶和蔬菜过活,我对他的看法与帕特里克·坎贝尔夫人[46]对萧伯纳的看法一致:"老天开眼,让他吃块牛排吧。"[47]他每晚都会在午夜时分来找我,像一头野兽一样在我的房间里踱上三个小时,烦躁不安,但却一言不发。有一次我问他:"你是在思考逻辑呢,还是你的罪恶呢?""两者都有。"他回答了一句,然后又继续踱起步来。我不想提议让他回房就寝,因为我们两人都明白,一离开我的住处,他便很可能会自杀。在三一学院的第一个学期接近尾声时,他来找我说:"你是不是觉得我是个十足的蠢货?"我问:"你为什么提这个问题?"他回答说:"因为如果答案是肯定的,我就去做飞行员;如果是否定的,我就去当哲学家。"我对他说:"我亲爱的朋友,我说不准你是不是个十足的蠢货,但如果你能趁着假期就你感兴趣的哲学议题写一篇论文,我会在读完之后给你答案。"他果然照做,并在下学期开学之初把论文带给我。读到第一句话,我就确信他是个天才,并向他保证,他没有任何理由退而去做飞行员。1914年初,他万般焦虑地跑来找到我说:"我要离开剑桥,马上就动身。"我问他:"为什么?""因为我姐夫来伦敦住了,我可不想离他这么近。"就这样,他搬到了挪威最北部,冬天余下的时间都在那里度过。

一战爆发后，爱国心切的维特根斯坦在奥匈帝国军队担任军官。开战的最初几个月里，我还可以和他互相通信，但通信的途径很快就被切断了。我完全没有他的消息，直到停战后大约一个月才收到他从卡西诺山写来的一封信，信中说，停战几天后，他便被意大利人俘虏了，幸运的是，他随身带着手稿。原来，他在战壕里写了一本书，希望交给我阅读。在思考逻辑问题时，他完全不会注意到弹壳飞溅这样的小事。就这样，他把书的手稿寄给了我，我在卢沃斯湾与尼科德和多萝西·林奇进行了探讨。后来，这本书以《逻辑哲学论》为题出版。当然，与他面对面口头探讨此时意义重大，且最好选在一个中立国见面。因此，我们把地点选在了海牙。然而就在这时，一个意料之外的难题却突然出现。就在一战爆发之前，维特根斯坦的父亲将全部财产都转移到了荷兰[48]，因此财富在战后维持了与战前持平的水平。大约在停战前后，他的父亲与世长辞，维特根斯坦继承了他的大部分财产。然而他却认定，金钱对于哲学家而言只是累赘，因此便把所有的财产都交给了一个哥哥和几位姐姐。因此，他连从维也纳到海牙的车费也支付不起，而孤傲如他，也不肯接受我的资助。最后，我们终于找到了一个解决难题的方法。他在剑桥的家具和书籍还都存放在那里，他表示愿意把这些什物都卖给我。我听从了替维特根斯坦照管家具的剑桥家具商的建议，按他开的价格把家具买了下来。实际上，这些家具远比他的估价值钱得多，这是我这辈子做过的最划算的一笔交易。有了这笔钱，维特根斯坦才得以来到海牙，我们在那里花了一个星期的时间，逐字逐句地讨论他书中的内容，而朵拉则趁这段时间到公共图书馆查阅萨尔马修斯[49]对米尔顿的抨击谩骂。

维特根斯坦是个逻辑学家，但同时也是一位爱国者和和平主义者。他对俄国人评价很高，因为他在前线与他们亲如兄弟。他告诉我，在加利西亚的一个村子里，他一时闲来无事，发现了一家书店，突然想到店里或许有书可买。他只找到了一本，就是托尔斯泰的福音书。于是他买下这本书，被书中内容深深打动。有一段时间，他虔诚信教，以至于开始觉得我心术不正，不宜交往。为了谋生，他在奥地利一个叫作特拉滕巴赫的村子担任小学教师。他写信告诉我："特拉滕巴赫的人心眼很坏。"我回信说："是的，所有人都有坏心。"他则回信道："话是没错，但特拉滕巴赫的人比其他地方的人更恶毒。"我回信说，我的逻辑思维让我对这个命题无法苟同。但他的观点并非空口无凭。村民们拒绝给他提供牛奶，因为他不教孩子可以用于算钱的算术知识。在这段时间里，他想必是在忍饥挨饿和一贫如洗中度过的，但他拥有堪比路西法[50]的高傲，因此无论如何也不愿多做透露。最后，他的姐姐决定修建一座房子，聘请他当建筑师。这份工作帮他维持了几年的生计，在此之后，他返回剑桥教学，克莱夫·贝尔[51]的儿子用英雄双韵体[52]写诗抨击他。维特根斯坦并不总是善于融入社交场合。怀特海向我描述了维特根斯坦第一次拜访他的情形。正值下午茶时间，他被人领进客厅，却似乎意识不到怀特海夫人的存在，只是默默地在房间里踱了一会儿步，然后冷不丁地蹦出一句："一个命题有两极，即 a 与 b 相对。"对我描述这件事的怀特海继续说："我很自然地问 a 和 b 分别代表什么，但却发现自己说错了话，惹得维特根斯坦厉声回答：'a 和 b 是不可定义的！'"

1914 年到 1918 年的一战颠覆了我的一切。我不再深耕学术研究，而是开始创作新的著作。我对人性的整体看法都产生了变化，我第一次打从心底坚信，清教主义不会给人类带来幸福。通过目睹死亡，我对生命获得了全新的热爱。我开始相信，大多数人都深受一种极度的愁苦所扰，这种愁苦会以破坏性的愤怒发泄出来，只有靠传播本能的快乐，美好的世界才得以建立。我发现，当今世界的改革派和反动派同样都因残酷的暴行而扭曲。我开始怀疑，所有这些纪律严明的苛求到底有什么意义。我与整个社会的使命对立，发现日常生活中的一切美德都被当成了屠杀德国人的手段，为此，我经历了痛苦的挣扎，几近成为一个彻底的反律法主义者[53]。然而，对于世间疾苦的深切同情，让我没有走上这条道路。

战争结束后，我才意识到除了对于我自己，我所做的一切都是徒劳的。我没有挽救一条生命，也没有让战争缩短一分钟。对于最终导致《凡尔赛和约》[54]签署的重重敌意，我没能缓解一丝一毫。但话说回来，我并未沦落为所有交战国罪行的帮凶，于我自己也获得了一套全新的哲学和一段重焕的青春。我摆脱了大学教务和清教束缚，习得了一种从前不具备的对于人类本能行为的理解，也因长期孤军奋战而获得了一种泰然自若。在一战停火期间，一些人对威尔逊寄予厚望，一些人从布尔什维克俄国汲取力量。然而，发现这两种乐观情绪的源泉对我均不可取时，我仍然没有陷入绝望。经过深思熟虑，我预感到最坏的事态仍在后面[55]，但即便如此我仍然坚信，终有一天，人类能够发掘到本能快乐的简单秘诀。

1917 年 3 月 27 日

戈登广场

致科莱特：

我的心中思绪万千，连千分之一都难以表达：我们在乡间度过的那一日简直太美妙了。整个星期天，这情思不断膨胀，到了晚上，则似乎超越于人间事物的局限之外。在这个世界上，我已不再感到孤独。你的爱把温暖带进了我生命的每一个幽深处。你曾经说，我们之间隔着一堵墙，而这堵墙已经不复存在。冬天就要结束，阳光、鸟鸣、野花、报春花、蓝铃花、山楂花的芬芳都将重回大地。我们必须让这快乐活在我们心中。你坚强、勇敢、自由、满腔激情和爱，将我的所有渴望都集于一身。

科莱特的来信

1917年9月26日

梅克伦堡广场[56]

在昨晚之前,我一直以为我们的爱会越来越强大,直到足以抗衡孤独。

我曾与你一同凝视永恒。我的双手曾经握着荣耀的缰绳,而今,虽然我仍会相信永恒事物之美,但这种美好已经不再为我所有。你将为你的工作成果加冕,你仍立于客观世界的伟大之巅。我崇拜你,但我们的灵魂已形同陌路,我祈祷能尽快精疲力竭,让这折磨早日终结。

C.

1918 年 7 月 5 日

致科莱特：

吾爱，我真的好想你，脑中不断浮现我们能够共同拥有的所有美好体验，思考我在战后可以出国做的事情。我好想和你一起去西班牙，去看布尔戈斯主教座堂[57]，去马德里看委拉斯开兹[58]的画作，去看阴森的埃斯科里亚尔修道院[59]，在疯狂尚未传遍全球的时候，狂热者曾在这里将祸患蔓延至全世界。去看阳光跃动的塞维利亚，那里遍布着橘子树林和喷泉；去看格拉纳达，在被费尔南多和伊莎贝拉[60]驱逐之前，摩尔人[61]曾在那里居住；然后我们就可以像摩尔人那样渡过海峡，到摩洛哥，再经由那不勒斯、罗马、锡耶纳、佛罗伦萨、比萨返回英国。想象这无以言喻的喜悦,想象这色彩与美丽的狂舞,想象那狂放的自由,想象那意大利的钟声,想象那深沉而洪亮、因历史之厚重而变得忧郁的奇声异响。那大片争奇斗艳、色彩瑰丽的鲜花;那如野兽般矫健的人们,昂首挺胸,炯炯有神的双眼敏捷灵动;踏入清晨的阳光之中,尽收满眼的蓝海青山。所有这一切,都等着我们在未来的某天去体验。我渴望与你一起享受南国的疯狂。

  我渴望与你共享的另一道美景,且是一道我们很快就能看到的美景,就是大西洋的倩影。康尼玛拉海岸[62];在雾中驾驶前进;雨点纷飞;打在石头上的海浪发出阵阵呻吟;成群的海鸟狂野高歌,与大海那悲伤而不安的灵魂不谋而合;耀眼的阳光跃动,如梦似幻,仿佛让人瞥见另一个世界;还有那狂暴无情的海风,如此自由、强劲而猛烈。在那里,生命力就在那里。在那里,我感觉,我能够与你并肩而立,让我们的爱与来自西方的风暴交流。因为,二者都有着同样的灵魂。我的科莱特,我的灵魂,我能感受到一股宏伟之气,激励着我挺过我们的爱之风雨,我想把大西洋的灵魂诉诸文字。在死之前,我一定、一定要找到某种方法,把心之内核表达出来,把我从未说出口的精髓表达出来。这非爱非恨,也不是怜悯或蔑视,而是生命之本的气息,狂暴而激烈,来自遥远之地,将超越人类之上的浩瀚无情、引人敬畏的力量注入人生。

致我兄弗兰克的信

布里克斯顿

1918年6月3日

除了不能会友之外，这里生活并不算难熬。对我来说，这的确让我备受煎熬，但如果我像众多中年人一样冷漠无情，也就不会感到有什么不适应的了。在这里，我责任全无，却有无限的闲暇，日子过得非常充实。平日里，我会用四个小时进行哲学写作，四个小时阅读哲学书籍，还有四个小时阅读一般的书籍，所以你可以想见，我需要很多的书。我最近在读罗兰夫人的回忆录，得出的结论是，她是一个被捧得过高的女人：势利、虚荣、多愁善感、嫉妒心强，这是德国人的典型性格。行刑前的最后几天时间，她全都用来记录多年前在社会上受到的微不足道的冷落或是不值一提的胜利。她之所以推崇民主，主要是出于对贵族的嫉妒。不过她那个时代的监狱要比现在的监狱快乐得多：她说，在不写回忆录的时候，她便会画画花，或是弹弹钢琴。布里克斯顿监狱没有钢琴可弹。但话说回来，我在出狱时也不会被送上断头台，这在某种程度而言也算是一种优势。利用每天两个小时的锻炼时间，我思考了各种各样的事情。有一段用来思考的闲暇时间是件好事，总体来说，在这里的日子堪称天赐之福。但这样的福分，还是不要多多益善为好！

我的心情舒畅，思想也很活跃。我很享受这种充分利用时间的感觉，我在过去几年一直在快马加鞭，几乎没读什么书，很少动笔，几乎没有什么机会享受怡养情操的事物，能回到这种状态，真是一大乐事。但是，我也满心期待着重获自由的一天！我已经改掉了幻想战争终有一天会结束的恶习，不得不把当前视为蛮族入侵的时期。我觉得自己就像圣希多尼乌斯·阿波利纳里斯[63]，在当前，像希波的奥古斯丁[64]一样当然是最好的。在接下来的1000年，人们在回顾1914年之前的岁月时，会像中世纪黑暗时代的人们回望高卢人[65]洗劫罗马一样。人类啊,真是奇怪的动物!

深爱你的弟弟,

伯特兰·罗素

意大利卡塞塔省卡西诺[66]

1919 年 3 月 13 日

亲爱的罗素：

非常感谢您签注日期为 3 月 2 日和 3 日的明信片。不知道您是死是活，真是让我受尽了煎熬！我没法进行逻辑学的创作，因为我每周最多只能写两张卡纸的内容（每张卡纸只有十五行）。这封信是个例外，可以由一个明天就要回家的奥地利医科学生代邮。我写了一本名为《逻辑哲学论》的书，里面包含了我过去六年的所有研究成果。我自信终于把我们的问题解决了。这听起来可能稍嫌傲慢，但我没法不这么认为。我在 1918 年 8 月完成了这本书，两个月后成了战俘[67]。我随身带着手稿，真希望能把手稿抄出来给您,但是篇幅太长,我又没有可靠的方式把信寄出。其实,手稿是通过简短的笔记拼凑成的,若没有事先解释,您应该看不懂。(当然,这也意味我的手稿没人能懂,在我看来却是清清楚楚。但其中的内容,足以彻底颠覆我们关于真理、分类、数字和其他一切的理论)我一回家就要把稿子发表出来。但现在我担心,这恐怕难以很快达成,而我和您也要过很长时间才能见面。能够再见到您的情景,真是难以想象!肯定会让我激动得难以自抑!我想,您应该是不可能到这儿来看我的吧?也许在您看来,我居然能有这样的妄想,也太厚颜无耻了。但是,如果您远在天涯海角,只要我能找到您,我是一定会去找您的。

请写信跟我说说您的近况,代我向怀特海博士问好。约翰逊[68]老师还在世吗?别忘了常想我!

您永远的朋友,

路德维希·维特根斯坦

特拉滕巴赫

1921 年 11 月 28 日

亲爱的罗素：

非常感谢您的热情来信！我必须坦白地说，作品终于得以付梓，我非常欣慰。尽管奥斯特瓦尔德[69]是个彻头彻尾的骗子，但只要他不乱动我的稿子就行！您会阅读校样吗？如果是这样，请确保他打印出来的内容和我的原稿一模一样。他特别擅长按自己的口味乱改稿子，比如用他那愚蠢的拼写方法改动我的文字。最让我高兴的是，这本书会在英国出版。希望这本书没有让您和其他所有人白费心血。

您说得对：特拉滕巴赫的村民并不比其他地方

的人更糟。但特拉滕巴赫只是奥地利一个特别不起眼的地方，自从大战以来，奥地利人已经堕落到了如此卑劣的地步，简直让人不忍探讨。但现实就是如此。

当您收到这封信的时候，您的孩子可能已经降生到了这个精彩的世界。因此，我要向您和您的妻子致以最热烈的祝贺！原谅我这么久没有给您写信。我的身体也不太好，最近忙得不可开交。等您有空的时候，烦请再来信。我至今还没收到奥斯特瓦尔德的信。如果一切顺利，我将带着万分荣幸去拜访您。

致以最诚挚的问候，

您永远的，

路德维希·维特根斯坦

沉睡了
　几个世纪的中国，

已经开始
对现代世界

有所觉知

第七章
中国之旅

我为何而活：罗素自传
THE AUTOBIOGRAPHY
OF BERTRAND RUSSELL

第七章 中国之旅

我和朵拉乘坐一艘名为"波尔托"的法国船从马赛前往中国[1]，却在准备离开伦敦时得知，由于船上暴发瘟疫，起航时间要推迟三个星期。我们无心再与亲友道别一遍，于是便去了巴黎，在那里度过了三个星期。在这段时间里，我写完了关于俄国的著作[2]，犹豫许久之后决定出版。当然，任何反对布尔什维主义的言论都会正中反动派的下怀，我的大多数朋友都认为，除了对俄国积极正面的看法之外，对其他观点都应该缄口不言。然而在一战期间，我对爱国派的类似论点无动于衷，认为从长远来看，保持沉默不会有什么好结果。当然，出于我和朵拉的私人关系，这个问题对我来说要更加复杂。一个炎热的夏夜，在朵拉睡去之后，我起身坐在房间的阳台上凝视繁星。我试着不带党派的狂热情感来看待这个问题，想象自己在对仙后座倾诉衷肠。在我看来，比起对布尔什维克主义的看法秘而不宣，将之公之于众更符合群星所愿。于是我继续动笔，在出发去马赛的前夕完成了那本书。

然而除此之外,我们在巴黎的大部分时间都花费在更加无谓的琐事上,购买适合途经红海时穿的连衣裙,还要凑齐普通法婚姻[3]所需的余下的嫁妆。在巴黎待了几天之后,我们之间存于表面的一切隔阂都烟消云散,两人之间的相处变得轻松愉快。然而在船上的时候,我们之间还是发生过抵牾。朵拉因为我对俄国的消极看法而大为鄙夷,导致我的感情敏感波动。我表示当初根本不该一道出行,事到如今,还不如一起跳海一了百了的好。不过,这种主要由天气闷热而引起的情绪很快就平息下去。

这趟航行持续了五六个星期,让我对同行的乘客有了很深的了解。其中法国乘客大多是政府官员,他们要比英国乘客优雅得多,后者多是橡胶种植园主和商人。英国人和法国人之间发生争执的时候,我们便不得不充当调解人。有一次,英国人请我发表一场有关苏联的演讲。鉴于这些人的身份地位,我专拣对苏联政府有利的话说,差点儿引起了一场骚乱。当我们到达上海时,船上的英国乘客给北京的总领事馆发了一封电报,强烈要求禁止我们上岸。于是,我们便回忆起这帮仇人之中的头目在西贡的遭遇,聊以安慰自己。西贡有一头大象,大象的饲养员把香蕉卖给游客,让游客喂给大象吃。我们每人递给大象一根香蕉,大象向我们优雅地鞠了一躬,但我们这位仇敌却偏偏不喂,于是大象便把脏水喷到了他洁白的衣服上,这也是饲养员教的。或许,我们对这件事的幸灾乐祸也没能增加他对我们的好感。

我们刚抵达上海的时候，发现没有人来接我们。我自打一开始便有一种不祥的预感，生怕这次邀请是个恶作剧，为了检验真实性，我便让中方在我出发前把旅费预支给我。我想，应该很少有人会愿意花一百二十五英镑开玩笑，但在上海无人接应时，恐惧又一次浮上心头，我们甚至开始担心可能要夹着尾巴灰溜溜地回家去了。不过事实证明，我们的朋友只是把船到港的时间弄错了而已。没过多久，他们便上船来，把我们带到一家中式旅馆，在那里，我们度过了我有生以来最为困惑的三天时间。刚开始，我们在解释朵拉身份时遇到了一些困难。中方认为她是我的妻子，当我们表示我俩并非夫妻时，中方又担心我会因为之前的误解而不悦。我告诉中方，希望他们把朵拉当作我的妻子对待，于是他们便在中国的报纸上发表了一篇相关的声明。在我们逗留中国期间的第一刻直至最后一刻，我们接触到的每一个中国人都以最周到和完美的礼节对待她，仿佛她就是我的妻子。尽管我们坚持让人称呼她"布莱克小姐"，但他们依然恭敬有加。

在上海的时间，我们会见了不计其数的客人，有欧洲人、美国人、日本人、朝鲜人，还有中国人。一般来说，与我们会面的各国人之间彼此不相往来。例如，日本基督徒和因投掷炸弹而被流放的朝鲜基督徒之间就不可能有任何交际（在当时的朝鲜，基督徒几乎成了投弹者的代名词）。因此，我们不得不安排客人在旅馆大厅里不同的桌前分开就座，整天在不同的桌前周转。我们参加了一场盛大的宴会，宴会上，好几位中国人用最地道的英式风格在餐后发言,讲的尽是与这种场合相称的笑话。这是我们第一次接触到中国人,对他们的表达之诙谐和娴熟有些出乎意料。直到那时我才意识到,有教养的中国人堪称世界上最有教养的人。孙中山曾经请我共进晚餐,但他提议的日期不巧在我离沪之后,因此我不得不拒绝,这也成了我终生的遗憾。此后不久,他赴广州发起后来席卷了整个国家的民族主义运动。由于我无法去广州,因此永远错失了与他见面的机会。

中国朋友带我们到杭州度过了两天时间,一起游览西湖。我们第一天乘船环湖游览,第二天则坐轿子出游。西湖的美让人叹为观止,那种古老文明的美甚至超过了意大利。我们从杭州去了南京,再从南京坐船到汉口。我在伏尔加河上的日子有多痛苦难熬,在长江上的日子便有多么怡然惬意。我们从汉口去了长沙,那里正在举行一场教育会议。中方希望我们俩在那里待上一个星期,每天都做演讲,但我们都累坏了,急需找机会喘口气,急于赶回北京。因此我们拒绝逗留超过二十四小时,尽管湖南官员极尽劝诱挽留之能事,甚至安排了一辆直达武昌的专列。

然而,为了尽量回报长沙人民的一片热情,我在二十四小时内做了四次演讲,两次演讲安排在晚餐后,一次安排在午餐后。长沙是一个没有现代化旅馆的地方,传教士们好意提出为我们提供住宿,但明确指出朵拉和我要分别与两组传教士同住。因此,我们认为最好还是婉拒他们的邀请,住在一家中式旅馆里。而这段经历堪比活受罪，成群的臭虫在床上横行，整整一晚都不消停。

湖南督军[4]为我们设了一场盛宴，席间，我们第一次见到杜威夫妇[5]，他们待我们非常友善。我后来生病时，约翰·杜威对我和朵拉都照顾备至。[6]有人告诉我，他来医院看我时，被我所说的"我们必须为和平制定一个计划"深深打动，当时的我已陷入谵妄，除此之外说的其他话尽是些胡言乱语。参加督军宴会的宾客大约有百人。我们在一间宽敞的大厅集合，然后移至另一间大厅用餐。席间的美味珍馐，简直到了让人难以置信的程度。吃到一半，这位督军竟道歉说只给我们准备了些粗茶淡饭，说他猜想我们可能想要体验一下中国人的日常生活，而不是吃奢华的宴席。我一时间想不出该怎样反驳，不禁懊恼不已，但愿翻译能弥补我机智的不足。我们在月食期间离开长沙，看到人们点燃篝火，还听到了吓跑天狗的阵阵锣声，这是中国人在月食期间的传统仪式。我们从长沙出发，直接前往北京，在那里，我们十天来头一次洗上澡。

我们在北京的头几个月，是在十足的幸福中度过的。我们忘却了彼此之间所有的矛盾和分歧，中国朋友都很友善，工作内容非常有趣，北京这座城市的美也令人叹为观止。

我们雇了一个僮仆、一个男厨和一个人力车夫。僮仆会说一点儿英语，我们便通过他跟别人交流。这种方法要比在英国跟华人交流更方便。厨师是我们搬到住处之前雇好的，我们告诉他，他需要做的第一顿饭，是几天之后的晚餐。约定的时间一到，晚餐果然准备好了。什么都逃不过僮仆的眼睛。我们在一张旧桌子里藏了一块大洋，一天，我们要用点零钱，于是跟僮仆讲了放零钱的地方，要他去取。他却面不改色地回答说："不对，夫人，他说错了。"我们偶尔也会请一位缝纫女工来做些针线活，冬天雇她来，夏天不需她干活。她在冬天显得身形臃肿，但随着天气转暖，她逐渐脱下厚重的冬衣，穿上雅致的夏装，变得苗条了许多，这种转变颇为有趣。我们要为住房添家具，北京有许多极好的旧家具店，我们便从店里购置。看到我们偏好中国的老物件，而不是英国伯明翰的现代家具，中国朋友表示无法理解。我们有一位官方翻译负责照顾我们，他的英语非常流利，尤以能够活用英文双关语而自豪。人们称他赵先生[7]，我给他看我写的一篇题为《当前混乱的原因》的文章，他回答说："嗯，依我看，当前混乱的原因，不就是之前的混乱嘛。"[8] 在旅途中，我们成了亲密的朋友。他和一个中国姑娘[9]订了婚，我帮他排除了一些婚姻上的阻碍。我至今偶尔还能收到他的来信，他还偕妻子到英国来看过我一两次。

我终日忙于讲课，还为更高阶的学生开了一个研讨班。这些学生都是布尔什维克，只有一个皇帝的侄子是例外。他们常常一个接一个地悄悄往莫斯科跑，这些都是可爱的年轻人，既天真又聪明，渴望了解世界和逃离中国传统礼教的桎梏。他们中的大多数人在婴儿时就与旧式家庭的女童定了亲，因此被伦理问题所困，不知是否应该违背婚约，去娶一个受过现代教育的姑娘。新旧中国之间存在着巨大的鸿沟，家庭的羁绊是具有现代思想的年轻人极其厌恶的。朵拉常去北京女子高等师范学校，那是一所培训未来教师的学府。姑娘们向她提出关于婚姻、自由恋爱、避孕等各种各样的问题，她也毫无避讳地进行了解答。这样的讨论，在任何类似的欧洲学府都是不可想的。虽然中国青年思想自由，但仍被传统的行为习惯牢牢控制。我们偶尔会举行派对，邀请我研讨班上的男学生和师范学校的女学生来参加。刚开始的时候，姑娘们会躲在一个她们认为不会有男生进入的房间里，我们得把她们拽出来，鼓励她们和男生沟通。但必须指出，刚开始的沉默一旦被打破，我们就无需再鼓励怂恿了。

我所任教的国立北京大学是一所非常杰出的学府。校长和副校长[10]都是一心致力于中国现代化的人物，那位副校长是我认识的最纯粹的理想主义者之一。本应用于支付工资的资金总被督军挪用，因此教学工作主要是出于热爱。对于教授们奉献的热情，学生们也当之无愧，他们有着强烈的求知欲，无论为自己的国家做出怎样的牺牲也在所不辞。当时的气氛激动人心，充满民族觉醒的希望。沉睡了几个世纪的中国，已经开始对现代世界有所觉知，当时，政府的卑微和妥协尚未渗透到改革者之中。英国人讥讽改革者，说中国永远是中国。他们坚定地告诉我，听不成熟的年轻人的空话是愚蠢的；然而没过几年，这些不成熟的年轻人就征服了中国，夺回了英国人诸多最为看重的特权。

从某种程度来说，自从共产党人在中国掌权以来，英国的对华政策要比美国更加开明，而之前的情况却正好相反。1926年，英国军队三次向手无寸铁的中国学生开枪，造成多人死伤。我写了一篇文章强烈谴责这些暴行，首先在英国刊载，然后在全中国广泛刊载传播。我曾与一位在中国的美国传教士通信，他在事件发生后不久来到英国，告诉我中国人民群情激愤，已有可能危及所有在华生活的英国人的生命。他甚至说，所有在华的英国人之所以能够保住性命，都是因为我让激愤的中国人相信，并非所有英国人都是坏人，但我觉得这种说法的可信度不高。无论如何，我不但招致了在华英国人的仇视，也遭到了英国政府的敌视。

在华的白人对于许多中国人家喻户晓的常识一无所知。有一次，我的银行（一家美国银行）给了我一家法国银行开出的支票，而中国商贩却拒收这种支票。我的银行表示疑惑不解，只得给我换成了其他银行的支票。三个月后，这家法国银行果然破产，给所有白人在华开设的银行来了个猝不及防。

在我看来，在东方生活的英国人是与周围环境完全脱节的。他们打马球，去俱乐部消遣，对当地文化的看法来自18世纪传教士的著作，用看待本国智识一样的鄙夷审视东方。不幸的是，虽然英国人在政治上颇有洞察力，但却忽视了一个事实，即东方人是尊重智慧的，因此，中国开明的激进派所能施与的影响力，是英国的激进派所望尘莫及的。英国首相麦克唐纳会在进温莎城堡时穿上及膝短裤[11]，但中国的改革派对他们的皇帝却没有这样的尊重，尽管英国的君主制与中国相比只能算是新兴制度。

至于中国应该采取什么措施，我的看法已经写进了我的《中国问题》一书中，在此不再赘述。

尽管中国正处于动荡之中，但在我们看来，同欧洲相比，这似乎仍是一个达观恬静的国家。我们每周都会收到从英国寄来的邮件，那些信件和报纸仿佛炉门突然开启时喷出的疯狂热浪。由于我们星期天要上班，所以习惯星期一放假，我们常常会在天坛度过一整天，那是我此生有幸看到的最壮美的建筑。我们坐在冬日的艳阳下，沉默寡言，任由自己渐渐沉浸在平静之中，离去时已经做好准备泰然面对我们那纷乱欧洲大陆上的疯狂和矛盾。不去天坛的时候，我们常在北京的城墙上散步。一天傍晚，我从日落时分启程，一直走到一轮满月当空，那场景至今还记忆犹新。

中国人有（或曾经有过）一种幽默感，我觉得与我的志趣很相投。当我在中国的时候，那里的人不断让我想起中国古书中的人物。一个炎热的日子，两个肥胖的中年商人邀我乘车到乡下去看一座非常有名但已半毁的宝塔。我们到当地后，我沿着螺旋形的楼梯往上爬，以为他们会跟上来，但等我爬到顶部的时候，却看到他们还在下面。我问他们为什么不上来，他们装出一种煞有介事的严肃答道："我们想上去，也进行了讨论。双方都搬出了许多有力论点，其中的一个论点让我们作出了最终决定。这座宝塔随时都可能倒塌，我们觉得如果真的如此，还是得留人见证这位哲学家的殒命为好。"他们的言下之意是天气太热，他们太胖。

许多中国人都有一种微妙的幽默，别人越是听不懂，他们越觉得别有一番乐趣。在我离开北京的时候，一位中国朋友送给我一段从经典中摘录的段落，手工细雕在一块很小的板面上；他还送给我一幅精美的书法，写的是同一段文字。我问他这段文字写了什么，他回答说："你回英国后去问翟理斯[12]教授吧。"我听从了他的建议，发现那段文字摘自《卜辞》[13]，其中的巫师只是建议来占卜的人随心所欲即可。这位中国朋友是在拿我开涮，因为我老是拒绝就中国当前的政治难题给出解决方案。

北京的冬天非常寒冷，风几乎总是从北边吹来，挟来蒙古山脉的冰冷寒流。我感染了支气管炎，但没有放在心上。病情似乎有所好转，一天，应几位中国朋友的邀请，我们去了一个距离北京大约两小时车程的温泉区。当地的旅馆有上好的茶，有人提议说喝茶太多不好，怕破坏了晚餐的胃口。我反对这种谨慎，毕竟，审判日随时有可能降临。我这话倒是没说错，因为我一直等到三个月后才吃上饱饭。茶水下肚，我突然开始发起抖来，在我颤抖了一个小时左右之后，我们决定最好立马动身回北京。回程路上，我们的车胎爆了，车胎补好后，发动机又已经冷却。这个时候，我已几乎神志不清，几位中国的佣人和朵拉把车推到了山顶，在下坡的过程中，发动机逐渐开始运转起来。由于延误，等我们到达北京城门口时，大门已经紧闭，我们打了一个小时的电话，才找到人把城门打开。等我们终于到家时，我已经病得很重了。我还没来得及意识到发生了什么，就陷入了昏迷。我被送到一家德国医院，朵拉白天照顾我，北京唯一的英国专业护士负责夜间看护。整整两个星期，医生每晚都认为我撑不到第二天天亮。除了几个梦之外，我什么都不记得。从精神错乱中醒来时，我不知道自己身在何处，也不认识护士。朵拉告诉我，我病得很重，差点丢了性命。我回答了一句"真有意思"，但我实在太虚弱，五分钟后就忘了这事，她不得不又重新跟我说了一遍。我甚至连自己的名字也记不清了。在我脱离昏迷后大约一个月的时间，医生一直提醒我，我随时都有死去的危险，但我却完全不相信。他们找到的那位护士在专业上非常出色，一战期间，她曾经担任过塞尔维亚一家医院的护士长。此后，整个医院都被德军占领，护士们被转移到了保加利亚。她总是不厌其烦地告诉我她与保加利亚女王关系如何亲密。她是一个宗教信仰很深的女人，等我的病情有所好转时，她告诉我，她曾认真考虑过让我死去是不是比较人道。幸运的是，她的专业培训压倒了她在道德上的考量。

在整个康复期间，尽管身体羸弱且病痛难忍，但我的心情却异常愉悦。朵拉全心全意地照顾我，她的用心让我忘记了一切不快。在我康复初期，朵拉发现自己怀了身孕，这给我们带来了莫大的慰藉。自从和爱丽丝在里士满格林散步的那一刻起，想要孩子的愿望就在我内心越发强烈，最后演变成了一种痴迷的热望。当我发现我不仅能活下去，而且还要有一个孩子时，便彻底无心顾及康复的状况了，但在康复期间，我一直处于小病不断的状态。主要的病症是双肺炎，但除此之外，我还患有心脏病、肾病、痢疾和静脉炎。尽管如此，这些都没有妨碍我的心情舒畅，尽管医生给出了种种悲观的预言，但我在康复后却没有留下任何后遗症。

躺在床上，感觉自己不会就这么一命呜呼，给了我一种出乎意料的愉悦。在那之前，我一直认为自己本性消极，并不觉得活着有很大的意义。但我发现，我的看法大错特错，我的生活其实充满着无穷无尽的美好。北京很少下雨，但在我养病期间却下了几场豪雨，湿润泥土的芬芳透过窗户飘进来。我常常想，要是有一天再也闻不见这种香气，该有多么让人惋惜。对于阳光和风声，我也有同感。我的窗前有几株非常漂亮的金合欢树，正巧赶在我恢复到有力气欣赏时开花。我从那时起便意识到，打从心底来说，我是享受生命的。毫无疑问，这对于大多数人来说都是与生俱来的常识，但我却要后天习得。

有人告诉我，中国人表示要把我葬在西湖边，建一座庙来祭奠我。我有点遗憾这件事没能实现，因为这样一来，我就可能会被人当成神灵供奉，对于一个无神论者来说，这倒是一桩妙事。

当时，北京有一个苏俄外交使团，使团的成员对我非常友好。他们那里有北京仅有的上好香槟，而且慷慨地供我随意饮用，因为毕竟，香槟是唯一适合肺炎患者饮用的酒水。他们先是开车带朵拉在北京周边兜风，后来又带上我们两人。这是一种愉快的体验，但也有点让人心惊胆战，因为苏俄人开起车来和他们搞革命一样不要命。

我之所以能活下来，可能要归功于北京的洛克菲勒研究所，是他们为我提供了一种能够杀死肺炎链球菌的血清。在这一点上，我尤其应该向他们表示感谢，因为我在生病之前和之后，他们都在政治上与我不共戴天，他们对我的提心吊胆，与护士对待我的病情不相上下。

朵拉想要专心照顾我，但日本记者却频繁催她接受采访。最后，她对待这些记者的态度变得有些生硬，而这些记者竟向日本报纸传话说我死了。这个消息通过邮件从日本发往美国，又从美国传到英国，与我离婚的消息同一天见诸英国报纸。好在法院不信谣言，否则离婚很可能要耽搁。我一直渴望有一天能活着阅读自己的讣告，但却并不指望这样的奢望能实现，因此，阅读讣告很是让我乐在其中。记得一份传教士报纸的讣告上只有短短一句话："听闻伯特兰·罗素先生去世的消息，传教士们不禁出了一口气，这也是情有可原。"当他们发现我根本没有离世的时候，怕是要发出另一种叹息了吧。我的死讯让英国的一些朋友扼腕，身在北京的我们对此一无所知，直到哥哥发来电报，问我是不是还活着。与此同时，他也一直在劝慰我的朋友，说客死北京不像我的风格。

康复期间，最乏味的阶段便是我因静脉炎不得不在床上一动不动静卧的六个星期。朵拉分娩在即,我们急切想要回国,但随着时间的推移,是否能成行似乎成了问题。在这种情况下,我很难不感到焦躁,尤其是当医生说除了等待别无他法的时候。幸而病症及时消除,我们终于在7月10日离开了北京,虽然我当时身体还很虚弱,只能拄着一根拐杖蹒跚而行。

我刚从中国回国不久,英国政府就决定处理庚子赔款问题。义和团被镇压后签订的和平条约规定,中国政府应每年向所有受到损害的欧洲列强支付一笔赔款。美国人非常明智地决定放弃这笔赔款,身在英国的中国友人敦促英国加以效法,但却徒劳无功。人们最终作出决定,与其支付惩罚性的赔款,中国应该支付一些对中英双方都有利的款项。这笔款项应以何种形式支付,将由一个须设有两名中国成员的委员会决定。麦克唐纳担任首相期间,邀请我和洛斯·狄金森[14]担任委员会委员,并同意我们推荐的丁文江[15]和胡适作为中方代表。此后不久,麦克唐纳政府垮台,继任的保守党政府通知我和洛斯·狄金森,委员会不再需要我们的服务,也不接受丁文江和胡适作为委员会的中方成员,理由是我们对中国一无所知。中国政府答复说想用我推荐的两名中国人,其他人都不行。就这样,为争取与中方友好关系的微薄努力便不了了之。在工党执政时期,与中方争取到的唯一友谊成果,便是山东港应该作为英国海军的高尔夫球场,不再为华人贸易开放。

在生病之前,我曾应允会在离开中国后到日本做巡回演讲。出于无奈,我只得把这个计划缩减成一场讲座以及几场与各界人士的会面。我们在日本的十二天是在忙乱中度过的，虽然很有趣，但远远谈不上愉快。与中国人不同，日本人缺乏礼貌教养，总是对别人百般打扰。鉴于我的身体还很虚弱，因此我们都一心想要避免不必要的操劳，但事实证明，日本的记者非常难缠。尽管我们尽量对行程保密，但在乘坐的船只到达的第一个港口，仍有大约三十名记者埋伏在那里，原来，他们通过警察查到了我们的行踪。由于日本报纸拒绝否认我去世的消息，朵拉给每家报纸都打了一张字条，说我已经不在人世，因此不能接受采访。他们从牙缝里吸了口凉气，说："啊！真……有气！"[16]

我们从横滨出发，经加拿大太平洋海域返英，那位姓大杉的无政府主义者和伊藤小姐前来送行。在"亚洲皇后号"邮轮上，我们感受到了社会氛围的骤变。普通人尚且看不出朵拉怀有身孕，但具有专业洞察力的邮轮医生却对朵拉再三打量，我们得知，他已经把自己的观察结果透露给了乘客。因此，尽管人人都争先恐后地给我们拍照，却几乎没有人愿意跟我们说话。唯一愿意和我们交谈的，只有小提琴家米斯卡·埃尔曼一行人。船上的每个人都想和他说话，看到他总是和我们在一起，便颇为不满。一场平安无事的旅行后，我们在8月底到达利物浦。那大雨下得很大，而大家一路上都在抱怨干旱，因此我们感觉自己果然到家了。朵拉的母亲在码头上，一方面是来欢迎我们，另一方面是想给女儿一些明智的建议，而她抹不开面子，几乎什么也说不出口。我们对王室代诉人催促有了成果,终于赶在 9 月 27 日结婚,不过,我需要在查令十字路口的平台上向全能的上帝发誓朵拉是我通奸的对象。11 月 16 日,我的儿子约翰出生,从那一刻开始,我的孩子一直是我多年来的主要关注点。

下文写于扬子江上

1920 年 10 月 28 日

致奥托琳·莫雷尔

自从到中国以来,我们度过了一段极为奇妙而有趣的时光,到目前为止,这段时间完全是与多少受西化影响的中国学生和记者一起度过的。我做了无数次演讲,讲爱因斯坦,讲教育,也讲社会问题。学生们对知识抱着非同寻常的热情。你一旦开口,他们的眼中就露出饥肠辘辘之人将要饕餮的热盼。无论在哪里,他们给予我的尊敬都让我措手不及。我们抵达上海的第二天,他们就举办了盛大的晚宴,把我奉为孔子二世一般为我接风。当天,上海所有的中文报纸都刊登了我的照片。布莱克小姐和我辗转于学校、教师会议、研讨会等场合，发表了数不清的演讲。这个国家的反差简直让人称奇。上海的大部分地方都很欧化，几乎是美式的；街道、布告和广告的文字都用英文（中英文都有）。周围的建筑是华丽的办公室和银行，满眼一派富丽堂皇，但弄堂还是很有中国特色。这是一个和格拉斯哥差不多大的城市，几乎所有欧洲人都是一副恶狠狠病恹恹的样子。一家重要的中国报纸邀请我们去吃午餐，地点是一座建成于1917年的现代建筑，里面的所有设备都是最新式的（除了排字机，这机器还不能打印汉字）。编辑部的工作人员请我们在屋顶上吃了一顿中餐，有中国的黄酒，还有数不清的菜肴，我们得用筷子夹取食用。吃完饭后，他们说同仁中有一人喜爱中国古乐，想为我们演奏助兴。于是，他搬出一把七弦琴，琴是他按照古时的式样自己做的，材料是从一座寺庙里取来的两千年的黑檀木。这种乐器像吉他一样用手指弹拨，但要平放在桌上，而不是拿在手里。他们坚称他演奏的乐曲有四千年的历史，但我觉得这肯定是夸大其词。无论如何，那乐曲非常优美而雅致，对于欧洲人的品位来说，要比时下流行的音乐（我最近常听)更为悦耳。一曲终了,他们又变回了那群忙忙碌碌的记者。

从上海出发,我们的中国朋友带我们在杭州的西湖住了三个晚上,据说,西湖是中国最美的风景。这是一段纯粹休闲的时光。西湖不大,面积和格拉斯米尔村[17]相当,周围环绕着郁郁葱葱的小山,山上有数不清的宝塔和寺庙。几千年来,西湖饱受诗人和君王的赞美和美化。(显然,古代中国的诗人和现代欧洲的金融家一样腰缠万贯)我们在山上过了一天,坐着轿子完成了一趟十二个小时的远征,第二天,我们参观了湖心岛上的宅邸和庙宇等。

说来也怪,中国的宗教信仰非常活泼。我们来到寺庙,便有人递来香烟和香气馥郁的茶,然后又带着我们游览了一圈。被视为禁欲主义的佛教,在这里却充满了欢声笑语。佛像全都大腹便便,被刻画成享受生活之人的形象。似乎没人真正相信教义,就连那些僧人自己也不信。尽管如此,我们还是游览了许多新建的华丽寺庙。

宅邸里的主人也同样好客,他们带着我们四处参观,并用茶水招待。这里的宅邸就像中国画里的一样，有许多可以小坐歇息的凉亭。这里的一切都是为了美观而建，而不考虑舒适实用，宅子里最豪华的房间除外，那些房间里会摆设一些难看的欧式家具。

我们在西湖上看到的最宜人的地方是一处学者的隐居所，大约建于八百年前。在古时的中国，读书人的生活想必相当惬意。

除去受欧洲影响的部分不谈，中国给人留下的印象，仿佛是未发生工业主义和法国大革命的18世纪的欧洲。这里的人们似乎是理性的享乐主义者，他们深谙获取幸福之道，悉心滋养对于艺术的感受力，因而雅致讲究。与欧洲人不同的是，相比于争权夺利，他们更看重享受快乐。所有阶层的人都很爱笑，即使是最底层的人民。

中国人没法用英文念我的名字，也没法用汉字写出来。他们叫我"Luo-Su"，这是他们能找到的最接近我本名的称呼了，这两个汉字他们既能读也能写。

我们从杭州回到上海，然后乘火车到南京，那里已经几乎荒无人烟。城墙有二十三英里长，但围起来的大部分是乡村。南京在太平天国起义结束时被毁，又在1911年的革命中再次受到重创，但这座城市是一个活跃的教育中心，极其渴望得到关于爱因斯坦和布尔什维克主义的消息。

从南京出发，我们沿扬子江来到汉口，旅途大约用了三天时间，沿途风景如画。从汉口，我们又乘火车来到湖南首府长沙，那里正在举行一场大型教育会议。长沙大约有三百名欧洲人，但欧化的程度却并不太高。这里就像一座中世纪的小镇：狭窄的巷道，四周的房子全是挂着五彩牌匾的店家，除了轿子和几辆黄包车外，没有其他可用的交通工具。欧洲人开设了几家工厂、银行、传教会和一家医院，对身心先摧毁再疗愈的西方全套装备，可谓一应俱全。湖南督军是中国各省省长和督军中最有风度的人，昨晚，他设宴款待我们。杜威教授和太太也在场，这是我与他们第一次见面。督军不会说任何欧洲语言，因此尽管我坐在他旁边，我也只能通过翻译对他表示赞美。但是，我对他的印象非常好：他一心想要推动教育，这似乎是中国最迫切的需求。少了教育，想要建立更好的政府便举步维艰。不得不说的是，无能政府在中国的祸害似乎要比欧洲国家小一些，但这或许只是一种肤浅的印象，还需等待时间的验证。

我们现在正在去北京的路上，希望能在10月31日抵达。

伯特兰·罗素

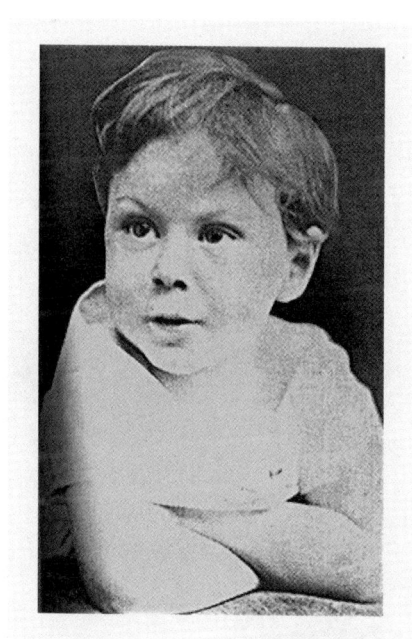

▲ 罗素，4岁

▲ 罗素，21岁

▲ 罗素，35岁

◀ 罗素，52岁

▼ 罗素，77 岁

◀ 爱丽丝·史密斯
罗素的第一任妻子

朵拉·布莱克
▼ 罗素的第二任妻子

▲ 帕特里夏·罗素,昵称"彼得"
原名玛乔丽·海伦·斯宾塞,罗素的第三任妻子

◀ 伊迪丝·芬奇·罗素(右)
罗素的第四任妻子

▲ 奥托琳·莫雷尔
罗素的情人之一

▲ 康斯坦斯·马勒森
艺名科莱特·奥尼尔,罗素的情人之一

▼ 罗素与儿子约翰、女儿凯特在一起

► 罗素与儿子约翰下国际象棋

▲ 1962年，罗素在特拉法加广场举行的禁止核武器集会上演讲

▶ 艺术家阿图罗·埃斯皮诺萨（Arturo Espinosa）为罗素画的肖像

我
渴望
孩子们的陪伴，
渴望
家庭生活的温暖，
渴望
汇于历史长河，
渴望
融入伟大的祖国

第八章
全新的情感重心

我为何而活：罗素自传
THE AUTOBIOGRAPHY
OF BERTRAND RUSSELL

1921年9月，我从中国返英，生活有了一个全新的情感重心，也随之进入了一个不像之前那样跌宕起伏的阶段。从青春期起一直到完成《数学原理》为止，我的重中之重一直放在智识上。我希望理解他人，也希望让他人理解我；另外，我也希望竖立一座纪念碑，让人们记住我，也让自己感觉没有虚度此生。从第一次世界大战爆发到我从中国返英期间，社会问题占据了我情感的重心：战争和苏俄都给我带来了一种悲剧感，我曾希望人类能够学会通过一种不那么痛苦的方式生活。我致力于发掘一些智慧的奥秘，并通过有说服力的方式公之于众，博得全世界的倾听和认同。然而，这股热情渐渐冷却，希望也渐渐淡漠；我对人类应该如何生活的看法没有改变，只是失去了以前那种预言家般的热忱，也不再那么期待游说活动势在必得了。

1894年夏日的那天，我听信了家庭医生的裁决，与爱丽丝在里士满格林踱来踱去，从那天开始，我便一直试图抑制想要孩子的欲望。然而，这股欲望却变得越发强烈，到了几乎无法忍受的程度。1921年11月，随着第一个孩子的出生，我感到压抑已久的情绪得到了巨大的释放，在接下来的十年里，我的主要使命便是做好父亲。根据我个人的体验，为人父母的感情是非常复杂的。首先，这其中包含了一种纯粹的动物性的情感，以及看到幼童的可爱时满心的喜悦。其次，这其中还有一种不可逃避的责任感，为日常的生活提供了一种连怀疑论都无法轻易质疑的使命。除此之外，还有一种非常危险的自私因素：希望孩子能在自己失败的领域取得成功，在自己因死亡或衰老而无法继续奋斗时，事业能由下一代延续，而且无论如何，下一代能让父母的生命历程绵延不断，使自己的生命汇入生命之河，而不仅仅是无法漫入未来的一潭死水。这些感情我都亲身体验过，为我几年以来的生活带来了幸福与安宁。

首先，要解决的是住处问题。我想要租一套公寓，无奈自己在政治上和道义上都不受人待见，因此房东们都拒绝要我这个房客。就这样，我干脆在切尔西的西德尼街31号购置了一套永久产权的房子，我的大儿子和大女儿就是在那里出生的。但一年到头都住在伦敦似乎不太利于孩子的成长，因此在1922年春天，我们又在康沃尔的波茨库诺买了一栋房子，距离兰兹角大约四英里。从那时起直到1927年，我们每年大约各用半年时间在伦敦和康沃尔两地居住；1927年之后，我们便搬离伦敦，在康沃尔待的时间也减少了。

在我的记忆中，见证两个健康快乐的孩子学习海洋、岩石、阳光和风暴的乐趣所带来的狂喜,与康沃尔海岸的美丽紧密交织在一起。我花在两个孩子身上的时间,要比大多数父亲多得多。在康沃尔度过的那一年的六个月里,我们过着规律而悠闲的生活。上午,我和妻子工作,孩子们先由保姆照顾,接下来由女家教照顾。午饭之后,大家一起去离住处步行可及的某处海滩。孩子们光着身子玩耍,兴之所至地或沐浴、或攀爬、或堆沙堡。当然,我们俩也会参与其中。回到家后大家都已饥肠辘辘,吃一顿迟来而丰盛的下午茶。然后,孩子们上床睡觉,大人们又继续忙大人们的事。在我的记忆中,4月过后的天气总是阳光明媚、温暖宜人。不消说,这记忆肯定是靠不住的。但在4月份,春风依然料峭。4月的一天,也就是凯特两岁三个半月大的时候,我听到她在自言自语,便把她的话记了下来:

北风刮过北极。

雏菊掉在草地。

风儿吹落蓝铃花。

北风吹往南风去。

她不知道有人在听,当然也不知道"北极"是什么意思。

虽然如此,从1921年秋天到1927年秋天这六年的生活,绝非如一首悠长的夏日田园诗般无忧无虑。身为人父,挣钱成了当务之急。购买两栋房子几乎耗尽了我剩下的全部积蓄,从中国回国的时候,我找不到什么明显的赚钱渠道,因此那段时间颇为苦恼。但凡为报纸杂志撰稿的零工碎活,我都来者不拒:在儿子约翰出生时,我写了一篇关于中国人热爱放爆竹的文章,但在当时的情况下,我确实很难集中精力去讨论一个如此遥远的话题。

1927年,朵拉和我决定肩负起一个双方需要共同承担的责任,那就是创建一所自己的学校,以便让我们的孩子接受我们所知最好的教育。虽然这种理念可能有误,但我们认为孩子需要在其他孩子的陪伴下成长,因此,我们不该继续满足于孤立的育儿方式。但是据我们所知,现成的学校里还没有一所让我们满意的。我们需要把两个看似不相吻合的因素结合在一起:一方面,我们不喜欢过分拘谨和宗教味十足的说教以及对于自由的诸多限制,但这些在传统学校却被视为理所当然;另一方面,我们也不能苟同大多数"现代"教育家的观点,认为学校教育无足轻重,或者倡导彻底摒弃纪律。因此,我们特地招募了大约二十个与约翰和凯特年龄相仿的孩子,计划在几个学年内维持同一批学生人选。

为了办学,我们选址位于奇切斯特和彼得斯菲尔德之间的南唐斯丘陵地区,租下了哥哥的"电报屋"。之所以得此名,是因为这里在乔治三世时期曾是一个信号站,是在朴次茅斯和伦敦之间发送信息的一系列信号站之一。或许,特拉法加广场的消息就是这样传到伦敦的。

这座房子原本非常小,哥哥一点点进行了扩建。他对这里情有独钟,在他命名为《我的生活与冒险》的自传中详加说明。房子本身丑陋而怪诞,但位置却得天独厚。这里有一座四面皆有大窗户的塔楼,我把书房布置在这里,我还从未见过比这里景致更壮观的书房。

这所房子伴有二百三十英亩的野生丘陵地带,部分生长着石楠和蕨类植物,但大部分都是原始森林:有壮美的山毛榉树,还有直冲云霄的古老紫杉。森林里随处可见各类野生动物,包括鹿。最近的房子是几处散落在一英里外的农场。向东走五十英里,便可以沿着小径在没有围栏的光秃秃的丘陵上行走。

难怪哥哥喜欢那个地方。但是他做投机买卖失了手,把积蓄输了个精光。我付给他的租金要远远高过任何人,再加上贫穷所迫,他只得接受了我的出价。但他出租得不情不愿,从那以后就一直因为我占了他的乐土而怀恨在心。

就这样,我们把学校开设在这座充满回忆的房子里。在管理学校的过程中,我们遇到了许多本应预见到的困难。第一个问题是资金问题。我们逐渐意识到,办学很可能会带来一笔巨大的经济损失。为了防止这种情况的发生,我们只能扩大学校和缩紧伙食,而想要扩大学校,我们不得不改变学校的性质,以便吸引理念传统的家长。好在,当时我通过出书和在美国巡回演讲赚了不少钱。我总共进行了四次巡回演讲,分别在 1924 年(前文已经提过)、1927 年、1929 年和 1931 年。1927 年的那次演讲恰逢学校开学的第一个学期,因此我没能参与到学校开头阶段的工作中。到了第二个学期,朵拉赴美做巡回演讲。因此在前两个学期,我们两人中只有一人负责。不在美国的时候,我必须靠写书来赚取必要的经费。因此,我从来没有把全部时间投入在办学中。

第二个问题在于,无论如何频繁和细致地向职工阐述我们的教育原则,我们之中必须有一人在场,才能确保职工按这些原则行事。

第三个也或许是最严重的问题,就是问题儿童的比例过高。这本是一个我们应该提前提防的陷阱,但学校在刚开门的时候,我们对任何孩子都来者不拒。最愿意尝试新方法的,都是那些和自己的孩子相处困难的父母。一般来说,问题都出在父母身上,而这些父母的愚昧造成的不良影响,每逢节日便会重新浮现。出于种种原因,很多孩子都很残忍且有破坏性。如果让这样的孩子肆意而为,无异于建立起一种恐怖的统治,任由强者让弱者生活在惶恐和痛苦之中。学校就是世界的缩影,只有政府才能防止残酷的暴力。于是在孩子们不上课的时候,我便只能不断加以监督,以防止虐待行为。我们把他们分为大、中、小三班。其中,中班的一个孩子总是虐待小班的孩子,所以我问他为什么要这样做。他回答说:"大班的打我,所以我就打小班的,这么做很公平。"他的确是这样认为的。

有的时候,孩子们也会暴露出一些恶意满满的冲动。学生里有一对姐弟,他们的母亲非常多愁善感,一直教育两人对彼此表达一种完全脱离实际的深情。一天,负责午餐的老师在准备盛出来的汤里发现了一根帽针的碎片。经过询问，原来是那位本应充满爱意的姐姐放进去的。"难道你不知道把针吞下去你会没命吗？"我们问她。"嗯，我知道，"她回答，"但我不喝汤。"我们通过进一步的调查发现，很明显，她打算把自己的弟弟害死。还有一次，我们把两只兔子送给一个受人欺负的孩子，而另外两个孩子却想要把兔子烧死，谁知却引起了一场大火，烧焦了几英亩的土地，如果不是风向改变，整座校舍就有可能被夷为平地。

而我与朵拉以及我们的两个孩子，也面临着一些特殊的问题。其他男孩自然会感觉我们的儿子受了偏爱，但实际上，为了不偏袒儿子和女儿，除了节假日期间，我们都不得不和他们拉开不近人情的距离。反过来，他们也生活在两种分裂的价值观之中：要么只能偷偷摸摸，要么就要在父母面前口是心非。就这样，我们与约翰和凯特曾有的亲密无间遭到了破坏，被尴尬和局促所取代。我认为，只要父母和孩子在同一所学校，这种情况就一定会发生。

现在回想起来，我觉得这所学校的办学原则有几点失误。失误之一，在一个群体之中，如果不设立一定的秩序和规范，孩子们就不会快乐。如果放任自娱自乐，他们便会感到无聊，进而转向欺凌或破坏。在孩子的自由时间，成年人应该提议某种孩子喜欢的游戏或娱乐，调动起幼儿匮乏的积极主动。

另一个失误在于，我们虽然声称这所学校提供了非常大的自由空间，但实际情况并非如此。在健康和卫生方面，几乎没有自由可言。孩子们必须洗漱，清洁牙齿，按时上床睡觉。的确，我们从来没有宣称该在这种问题上追求自由，但以追求抢眼新闻的记者为首的愚蠢的人，却声称或认为我们主张摒弃一切限制和规矩。被告知要刷牙时，大一点的孩子有时会讽刺地抗议："这算什么自由学校！"有的孩子听父母说这是一所崇尚自由的学校，便想要明知故犯，想看看能调皮到什么程度才会被制止。由于我们只会禁止那些明显会带来伤害的行为，因此面对他们的这种试验往往束手无策。

1929 年，我在百日咳康复期间口述了《婚姻与道德》一书（鉴于我的年龄，直到我把学校里的孩子几乎感染了一个遍，人们才诊断出源头在我）。1940 年，我在纽约遭到抨击，其中主要的素材都引自这本书。我在这本书中逐步探讨了这样一种观点：大多数的婚姻都不能指望夫妻双方完全忠诚，但双方应在有外遇的情况下仍维持友好关系。然而我认为，如果妻子诞下的孩子的生父并非自己的丈夫，维持这种婚姻便没有什么益处。我觉得在这种情况下，离婚是可取的。而现在，我并不确定我对婚姻持有怎样的看法。对于婚姻的所有一般理论，几乎都有无法批驳的反对意见。相比于其他制度，便于离婚的制度带来的不幸要更少。但是，我已经没法再像以前那样对婚姻问题妄下判断了。

在接下来的 1930 年，我出版了《幸福之路》一书，书中包含了一些常识性的建议，阐述我们可以采取什么个人措施来克服情绪引起的不幸福，而不是通过改变社会和经济制度。这本书得到了来自三个不同层次的读者的不同评价。作为这本书目标读者的大众喜欢这本书，也由此带来了巨大的销量。而与之相反，那些阳春白雪的雅士却觉得这本书非常可鄙，是一本为赚钱而写的作品，一本逃避现实的书，打造出一种政治之外还有什么可做、可谈的假象。而在专业精神病医生这一层次的读者那里，这本书却赢得了交口赞誉。我不知道哪一种评价是正确的，我只知道，在创作这本书期间，我必须调动巨大的自控力以及从痛苦中总结出的诸多经验教训，才得以维持具有一定持久性的幸福状态。

在接下来的几年里，我的心情非常低落，比起我现在凭借已然有些苍白的回忆所写的任何东西，当时创作的文字能够更加精确地反映出当时的心境。

那时，我每周都会给赫斯特旗下的报纸写一篇文章。1931年的圣诞节是在大西洋上度过的，当时，我刚从美国巡回演讲归国。因此，我以《海上圣诞》作为那周专栏的标题。文章内容如下：

海上圣诞

这是我平生第二次在大西洋上过圣诞节。上次的经历是在三十五年前，将今朝所感与记忆中的往昔相比，让我对变老有了更深的感悟。

三十五年前，我新婚燕尔，膝下无子，生活幸福，刚开始尝到成功的喜悦。在我看来，家庭是一种阻碍自由的外部力量；在我眼中，世界是属于个人的冒险胜地。我要思考自己的理念，寻找自己的朋友，选择自己的住处，除了自己的喜好，我不把传统、长辈或任何东西放在眼里。我觉得自己足够强大，可以遗世独立，不需要任何支撑。

而今，我获得了当时的自己尚不懂得的感悟，了解到当时的心态要以一种极度旺盛的生命力为基础。当时的我非常享受在海上过圣诞的乐趣，看着船员为船只装点节日的氛围，我也乐在其中。船颠簸得很厉害，每颠簸一次，所有船舱床位下的行李箱就会从这一头滑到另一头，发出雷鸣般的隆隆声。声音越响，我就笑得越开心：一切都充满了乐趣。

人们说，时间使人成熟。但我不这么认为。时间使人恐惧，恐惧使人妥协，而通过妥协，他会努力在别人面前做出一副老成持重的样子。伴随着恐惧而来的，是对于爱的需要，对于些许人类温情的需要，以便抵挡这寒冷宇宙的苍凉。我所谓的恐惧，并非仅指或主要指个人的恐惧，即恐惧死亡、衰老、贫穷或任何此类俗世的不幸。我所说的，是一种更加形而上的恐惧，这是一种通过遭遇生活中最大的恶意而深入骨髓的恐惧：朋友的背信弃义，所爱之人的逝去，对潜藏在普通人本性中的残忍的察觉。

自从上次在大西洋上度过圣诞节以来的三十五年中，这些重大的不幸改变了我在不经意间对生活所持的态度。作为一种道德磨炼，遗世独立或许仍是一种可能，但作为一种冒险，却已然不能再给我带来愉悦。我渴望孩子们的陪伴，渴望家庭生活的温暖，渴望汇于历史长河，渴望融入伟大的祖国。这些，都是普通的生活之乐，也是大多数中年人都能在圣诞节享受到的幸福。在这些乐趣上，哲学家与普通人并无区别；相反，正是这些乐趣的平淡无奇，才使之更为有效地抚平这凄凉萧索的孤独。

因此，曾是一种愉快冒险的海上圣诞变成了一种煎熬。这似乎象征着那个听从本心而拒绝随波逐流之人的孤寂。在这种情况下，心中的忧郁便是不可避免，也不该逃避的。

但对于另一种生活，我也有话要说。如同所有温馨和睦的快乐一样，家庭生活的美好也会消磨人的意志，摧毁人的勇气。圣诞节与家人共处一室的传统固然美好，但南方的风、海面的旭日和那海天一线处的自由也同样美好。这些事物的美好，不会因人类的愚昧和邪恶而削减，仍能赋予中年人摇摇欲坠的理想主义以力量。

1931 年 12 月 25 日

我离开朵拉后[1]，学校由她继续管理，一直到二战开始。不过在 1934 年以后，校址从电报屋迁了出来。约翰和凯特由法院监护，后被送到达灵顿霍尔学校[2]，在那里开心成长。

1932 年夏天，我在卡恩沃埃尔别墅[3]度过，后来，我把这座别墅给了朵拉。在那里，我写完了《教育与社会秩序》一书。在此之后，由于不再背负学校的经济负担，我可以不再为赚钱而写通俗读物了。作为一个失败的家长，创作严肃著作的野心再次蠢蠢欲动。

写完《自由与组织》后，我决定回到电报屋，通知朵拉她必须搬到别处去。这个决定主要是出于经济考虑。根据法律规定，我有义务每年为电报屋支付四百英镑的租金，哥哥把这笔钱作为第二任妻子的赡养费。除此之外，我还不得不支付朵拉的赡养费，以及包揽约翰和凯特的所有费用。但与此同时，我自己的收入却出现了锐减。部分原因在于经济萧条导致的买书量骤降，还有部分原因是我曾经在 1931 年拒绝赫斯特[4]到他美国加州的城堡[5]里同住。每周在赫斯特的报纸上发表文章，每年能给我带来一千英镑的收入，但在这件事发生之后，我的稿酬立即减半，没过多久，就有人通知我不必再写文章了。电报屋面积很大，只能通过两条私家车道才能到达，每条车道都有大约一英里长。我想把房子卖掉，但校舍还在那里的时候无法挂到市场上。唯一可行的方法就是住在那里打理宅子，以期吸引潜在买主。

在电报屋安顿下来后，不必打理学校事宜的我去了加那利群岛度假。回来后,我发现自己虽然精神不错,却完全缺乏创作的冲动,不知道该做些什么好。在大约两个月的时间里,纯粹为了分散注意力,我致力于研究立方体表面有27条直线的问题。但这一招根本不管用,而我仅能靠1932年之前事业顺风顺水的几年中攒下的钱过活。战争的威胁日益增长,我决定就此写一本书。我给书取名为《何以达成和平?》,并在书中坚持了我在第一次世界大战中所采取的和平主义立场。诚然,我也提出了一种例外的情况:我认为,在建立一个全球政府之后,用武力对付反叛者的方法便是可取的。然而,关于不久的将来可能发生的战争,我主张人们出于良心进行反对。

然而,这种心态在不知不觉中变得违心起来。曾经的我还能勉强以默许的态度看待德皇统治下的德国取得霸权的可能性;我认为,这虽然是一种罪孽,但不会像世界大战及其后果那么严重。然而,希特勒统治下的德国则不可同日而语。在我看来,纳粹集残忍、偏执和愚蠢于一身,简直令人作呕。无论从道德还是智识上,他们都令人可憎。我虽然仍然坚守和平主义理念,但却感到越发力不从心。我在1940年英国遭到入侵威胁时才意识到,在整个第一次世界大战期间,我从未认真地设想过英国彻底战败的可能性。我无法接受这种可能性,最终,我有意而明确地作出决定,必须对英国在二战中取胜的一切措施予以支持。无论取得胜利有多么艰难,也无论后果有多么沉痛。

我从未彻底信奉不抵抗主义,也向来承认警察和刑法的必要性,即便在第一次世界大战期间,我也曾公开表示有些战争是正当的。更确切地说,不抵抗主义特指非暴力抵抗主义。而鉴于日后的经验,我对不抵抗主义使用范围的限制似乎过于宽松了。划清不抵抗主义的界限有重要的意义,比如,在印度的反英活动中,甘地便利用不抵抗主义取得了胜利[6],但这取决于所针对的人身上是否残存着某些美德。当印度人在铁路上卧轨、挑战当局用火车从他们身上碾过时,英国人无法做出此等残忍之举。但遇到类似的情况,纳粹却毫无顾忌。托尔斯泰曾以极大的说服力宣传游说,认为不抵抗主义可以重新唤起掌权人的良心,然而,这种教义在 1933 年后的德国显然是行不通的。显然,只有在掌权者的残忍不超过一定限度时,托尔斯泰的教义才说得通,而纳粹显然早已越了界。

然而,对于我的理念的改变,个人经历的影响几乎与全球环境一样大。我发现,在学校里,如果弱者想免受压迫,就必须非常明确有力地行使必要的权威。诸如往汤里放帽针这样的事例需要立即采取行动加以制止,无法像在良好环境里那样慢慢感化。在第二次婚姻中,我曾试着尽力尊重妻子的自由[7],因为我觉得我的信条要求我这样做。但我却发现,我对于宽恕和所谓基督徒之爱的能力无法达到理想的要求,对一件无望的事情强加坚持,不仅会对我造成巨大的伤害,也不会给对方带来预期的好处。这是任何人都能提前告诫我的道理,但我却被理论蒙蔽了双眼。

我不喜欢夸大其词。从 1932 年到 1940 年,我的观点的逐渐变化称不上一场革命，而只是一种量的变化和关注点的转移。我从未绝对拥护不抵抗的信条，现在也没有彻底拒绝。但是，反对一战和支持二战的心态之间的确存在着天壤之别，以至于掩盖了其背后理论的一致性。

虽然我在理智上非常坚决，但在感情上却难免踟蹰。我曾经全身心投入反对一战的活动中，而支持二战的则是一个分裂的自我。自1940年以来，我再也未能重拾1914年到1918年之间那种观点和情感的一致。我认为，通过允许自己实现这种统一，我拥有了一种超越科学理性的信条。跟随科学理性到天涯海角，似乎是我曾经一直遵守的最重要的道德戒律，即便这意味着失去深刻的精神洞见，我也仍然义无反顾。

我与彼得·斯宾塞坠入爱河，此后我们花了大约一年半的时间撰写《安伯雷书信集》，作为对父母短暂一生的记录。这项工作如同象牙塔里的研究，有点儿脱离现实的味道。我的父母从未面对过我们当前所面临的问题；在他们的一生中，世界正朝着他们眼中积极的方向发展，而他们也对激进主义充满信心。尽管他们反对贵族特权，但这种特权还是完好无损地保存下来，因此无论他们有多么身不由己，还是无法避免从中获利。他们生活在一个宽敞舒适且充满希望的世界，尽管如此，我对他们仍然充满了认可。这份工作让人感到安心，通过为他们树立丰碑，我也算尽了一片孝心。但我不能佯装这部作品真的有什么重要的意义。我经历过创造力匮乏的干旱期，但这段时期已成过去，是时候把注意力放在不那么冷僻的工作上了。

1936年，我与彼得·斯宾塞结婚，最小的孩子康拉德于1937年出生，给我们带来了极大的喜悦。他出生几个月后，我终于成功将电报屋售出。这么多年来，一直没有人出价，但突然之间，却有两人同时竞价：其中一位是波兰王子，另一位是个英国商人。由于有两人竞价，我在二十四小时内把报价提高了一千英镑。最后，那位商人胜出，而我也摆脱了一直威胁着我的破产梦魇，因为只要屋子没有被处理掉，我就得为之花费一笔高昂的费用，但我余下的储蓄已经所剩无几了。

出于资金考虑，我的确得为摆脱电报屋感到高兴，但离别仍是痛苦的。我喜爱那里的丘陵和树林，也喜爱四面都能眺望到风景的塔楼。我与这个地方相识已有四十余年，在哥哥在世的时候，便看着这里渐渐扩大。这座宅子代表了一种连贯性，除了工作之外，我的生活并不具备我希望拥有的稳定。卖掉宅子的时候，我的心情与那位卖药人无异："我的贫穷让我屈服，但良心却不能苟同。"[8] 在这之后的很长一段时间里，我一直居无定所，也认为自己很可能永远不会拥有固定的安居处了。对于卖房子的事，我抱憾许久。

我们在牛津附近的基德灵顿买了一所房子，在那里住了大约一年，其间只有一位牛津的女士上门做过客。我们很不受人待见，后来，我们在剑桥也有过类似的经历。在这方面，我发现这些古老的学府别有自己的独到之处。

> 我半梦半醒地凝视着水天一色,感受到了一种在我身上少有的宁谧

第九章
在他乡

我为何而活:罗素自传
THE AUTOBIOGRAPHY
OF BERTRAND RUSSELL

第九章 在他乡

1938年8月，我们卖掉了在基德灵顿的房子。买主要求我们立即搬出才愿意购买，这意味着我们在8月有两周时间都居无定所。我们租了一辆大篷车，在彭布罗克郡的海岸上度过了这段时间。一行人有彼得、我、约翰、凯特、康拉德，还有我们的大狗雪莉，这段时间几乎每天都大雨如注，我们全都挤在这逼仄的空间里。那是我记忆中最不自在的一段时间。迫于无奈，彼得需要为大家准备饭菜，这是她最讨厌做的事。终于，约翰和凯特回达灵顿霍尔学校上学，彼得、康拉德和我则乘船去往美国。

我在加州大学洛杉矶分校担任教授。经历了芝加哥严冬的阴冷萧索之后，置身于春光灿烂的加州，让人心情大好。我们在3月底到达加州，而教学工作直到9月才开始。这中间的前半段时间，我花在巡回演讲上，其中记忆犹新的只有两件事。一是我在路易斯安那州立大学讲课，那里的教授都对休伊·朗[1]评价颇高，因为他给教授们涨了工资。另一段回忆更令人愉快：在一处淳朴的乡野中，我在别人的带领下登上了围绕密西西比河建起的堤坝之巅。讲学、长途旅行和暑热让我筋疲力尽，我躺在草地上，望着雄伟的河流，半梦半醒地凝视着水天一色。大约有十分钟的光景，我感受到了一种在我身上少有的宁谧，我认为，这种状态只有在我凝视水流时才会出现。

1939 年夏天，趁学校放假期间，约翰和凯特来看望我们。他们到后没几天便爆发二战，把他们送回英国已不可能。我必须立即为他们筹措继续教育的经费。约翰时年十七岁，我把他送进了加州大学洛杉矶分校，但凯特只有十五岁，上大学还早。我向朋友们打听洛杉矶哪所高中的教学水准最高，大家一致推荐了一所，于是我就把她送到了那里。但我后来发现，那所学校只有一门她还没有学过的课程，那就是资本主义制度的优点。因此，尽管年纪还小，我还是不得不把她送进了大学。从 1939 年到 1940 年，约翰和凯特一直和我们住在一起。

1939 年的夏天，我们在圣巴巴拉租了一栋房子，那里的环境非常宜人。不巧的是，我的背受了伤，不得不卧床静养了一个月，受着疼痛难忍的坐骨神经痛的折磨。我的备课进程由此延误，导致我在接下来的一个学年总觉得自己的课有欠缺之处，一直处于超负荷工作的状态。

加州大学的学术氛围远不如芝加哥那么理想；人员能力欠缺，我对校长深恶痛绝，而这种看法绝非有失公允。若有哪位讲师发表了一些过于自由的言论，便会被人挑出毛病，此后惨遭解雇。学院开会的时候，这位校长总会趾高气扬地进场，那架势仿佛是脚踩军靴的纳粹，遇到任何不合他意的提议都一律否决。他一皱眉，就会把每个人吓得瑟瑟发抖，那场景让我不禁想起希特勒治下的德国国会会议。

1939年到1940年的学年临近尾声时，我应邀成为纽约市立学院的教授。事情似乎已经谈妥，我写信给那位加州大学的校长，要求辞去职务。他收到我的辞呈半小时后，我才得知自己在纽约市立学院的任职尚未确定，于是又找到校长要求撤回辞呈，但他告诉我已经太晚了。那些虔诚的基督徒纳税人一直在抗议，不愿把税金用来给我这样一个异教徒支付薪水，因此，这位校长巴不得让我早点卷铺盖。

纽约市立学院是一所由市政府管理的学府，学生几乎都是天主教徒或犹太教徒，但绝大部分的奖学金都拨给了犹太教徒，令天主教徒们大为恼怒。纽约市政府实际上是梵蒂冈的附庸，但市立学院的教授们却仍在竭力维护某种表面上的学术自由。毫无疑问，他们之所以推荐聘用我，就是为了达到这个目的。一位英国圣公会[2]的主教受人煽动抗议聘用我，牧师们训诫几乎全由爱尔兰天主教徒组成的警察，声称我应该为当地的犯罪问题负责。一位女士的女儿就读于市立学院某个与我完全不沾边的科系，她受人诱使提起诉讼，号称我在学院的存在将会危及她女儿的节操。这起诉讼的矛头不在我，而是针对纽约市政府。我力争参与到诉讼中，但却被告知本案跟我没关系。市政当局虽然名义上是被告，但对于打输官司的渴望，却堪比这位女士想要打赢官司的热切。控方律师宣称我的著作"色情、淫荡、淫秽、下流、下作、勾引、催情、无耻、狭隘、不实、道德尽失"。诉讼的法官是个爱尔兰人，他最终判我败诉，并对我大加谩骂侮辱。我本想上诉，但纽约市政府却断然拒绝。一些针对我的言论说得天花乱坠，比如，只因我提出婴儿不应因为手淫而受罚，他们就指责我道德败坏。

1940 年的夏天，我在外重重受挫，个人生活却过得怡然自得，二者之间形成了巨大的反差。我们在内华达山脉太浩湖附近的落叶湖度过了夏天，这是我有幸见识过的最为风景如画的胜地。这片湖海海拔六千多英尺，在一年中的大部分时间里，厚厚的积雪使得整个地区都不适合居住。但在夏天的三个月里，这里阳光普照，天气温和，且一般不至于酷暑难忍，山上的草地上开满了最迷人的野花，空气中弥漫着松树的清香。我们在松林中有一间小木屋，紧邻着湖畔。康拉德和他的保姆兼教师睡在屋内，由于屋里没有别的入寝空间，我们就睡在几处门廊上。我们无数次在荒无人烟的乡野间穿行，来到瀑布、湖泊和山顶游览，还能潜入被雪覆盖但不太冷的深水之中。我有一间小书斋，其实只能算是一间简陋的棚屋，在那里完成了《意义与真理的探索》的写作。由于天气太热，我常常赤膊写作。但我很能适应暑热，从不会因此耽搁工作。

我们一边享受着天伦之乐，一边一天天地等待着消息，想知道英国是否已被入侵，伦敦是否依然存在。我们的邮递员是个爱插科打诨的主儿，以戏谑他人为乐。一天早上，他一来便大声吆喝道："你们听到消息了吗？整个伦敦都被炸毁了，一栋房子都没留下！"而我们也无从分辨他的话的真假。虽然如此，悠长的漫步以及在各个湖中的沐浴帮助让我们熬过了这段时光。随着9月的到来，英国遭到入侵的可能性看来已经不大了。

在内华达山脉，我发现了我所知的唯一不分阶层的社会。在这里，几乎所有的房子里都住着大学教授，必要的杂活由大学生来做。例如，负责给我们捎带食品杂货的年轻人，就是我冬天教过的学生。还有许多学生只是来度假的，由于一切设施都简单原始，因此度假的费用很低。美国人比欧洲人更懂得照顾游客，虽然湖边有许多屋舍，但在松树丛的掩映下，从船上几乎一栋也看不见。加之屋舍本身也是用松木搭建的，因此一点也不碍眼。我们住的房子的一个角由一棵正在生长中的树搭成，我无法想象，如果这棵树长得太大，房子会不会被撑塌。

1943年的头几个月，我的手头有些拮据，但情况并不像我担心的那么严重。我们把漂亮的农舍转租出去，搬到一间小屋去住，这里本是为农舍住户雇请的一对黑人帮佣准备的。小屋里有三个房间和三个炉子，每个炉子每隔大约一小时就要添煤。其中一个用来取暖，一个用来做饭，还有一个用来烧热水。炉火一旦熄灭，就得花好几个小时把火重新生起来。我和彼得讨论的一字一句，康拉德都能听得清清楚楚，我们俩有许多烦心事需要商讨，也让他徒增了不少心理负担。但到那时，纽约市立学院的风波已经烟消云散，而我也能在纽约等地偶尔得到演讲的机会。首先打破禁忌的是布林莫尔学院的韦斯教授[3]，邀请我在那里开一门课。敢于开这个先河，需要巨大的勇气。有一次，囊中羞涩的我只能买一张去纽约的单程票，用演讲的费用支付回程的车费。《西方哲学史》即将完稿，于是我便写信给我在美国的出版商威廉·沃德·诺顿，询问鉴于我的手头拮据，能否预付一笔稿费。他回信表示，出于对约翰和凯特的喜爱，也出于对老朋友的善意，他愿意预付五百美元的稿费。我觉得其他出版社或许愿意预支更多，于是找到了以前从未打过交道的西蒙与舒斯特出版公司[4]。对方当即同意付给我两千美元，六个月后再付一千美元。那时，约翰已经就读哈佛，凯特则就读于拉德克利夫学院[5]。我一直担心会因付不起学费而不得不让两个孩子辍学，但托西蒙和舒斯特的福，事情没有走到那一步。在这期间，我也得到了朋友的借款，好在不久就还清了。

动笔创作《西方哲学史》纯属偶然，但这本著作却成了我多年来的主要收入来源。开始着手创作时，我没有料到这本书能获得我的其他作品从未有过的成果，甚至一度在美国畅销书排行榜上大放异彩。

在美国的最后一段时光是在普林斯顿度过的，我们在那里的湖边有一所小房子。在普林斯顿的时候，我对爱因斯坦有了相当深入的了解。那时我每星期都会去他家一趟，与他、哥德尔[6]和泡利[7]探讨。从某种程度来说，这些探讨有些让人扫兴，尽管他们三人都是犹太人和流亡者，也都意在拥有全球视野，但我发现，他们仍残余着德国人对形而上学的倾向。尽管我们尽了最大努力求同存异，却始终没有得出一个能作为探讨基础的一致前提。我发现，哥德尔原来是个纯粹的柏拉图主义者[8]，笃信有一个永恒的"虚无"存在于天堂，只有道德高尚的逻辑学家才可在死后与之相遇。

普林斯顿的社交圈非常友善，总体来说要好过我在美国遇到的其他任何圈子。这时，约翰已经加入了英国海军，开始学习日语，并回到英国。凯特在学业上表现非常出色，并获得了一份入门的教学工作，已能在拉德克利夫学院自给自足。因此，除了难求的返英通行证之外，已经没有什么需要我们继续留在美国的障碍了。在很长一段时间里，这个难题似乎都没法解决。我去了华盛顿，申辩说我必须回英国上议院履行职务，并试图用我的强烈意愿说服英国大使馆。最后，我终于找到了一个能够说服使馆的论点。我对他们说："你们要承认，这是一场反对法西斯主义的战争。""没错。"他们回答。"那么，"我接着说，"你们也要承认，法西斯主义的本质在于立法机关从属于行政部门。""是的。"他们稍微有些迟疑地回答。"那好，"我继续道，"你们是行政部门，我是立法机关，如果再耽搁我履行立法职务一天，你们就是法西斯分子。"在大家的一片笑声中，我的航行许可证当场获批。日期终于定了下来，彼得带着康拉德先回英国，我大约两星期后回去。我们的船都在1944年5月起航。

1872年—1914年

1914年—1944年

1944年—1967年

无法让同胞们认识到
全人类面临的危险,
这在我的心头

压了一块巨石

第十章
重返英伦

我为何而活:罗素自传
THE AUTOBIOGRAPHY
OF BERTRAND RUSSELL

前言[1]

在这本书预定付梓之际,让目前的世界四分五裂的重大问题仍未解决。迄今为止以及未来的一段时间内,这个世界必定仍会被不确定性所充斥,只得悬于希望和恐惧的正中。

在我离世之时,这个问题很可能依然悬而未决,我不知道我的遗言是否应是:

> 光明的日子已经终结,
> 我们注定迎来黑暗。[2]

抑或,我偶尔也会容许自己抱有希冀:

> 世界的伟大时代重新开启,
> 黄金岁月再度来临……
> 天国展露笑颜,信仰与帝国闪耀微光,
> 如同消融之梦的残骸。[3]

我已经尽最大努力地贡献了自己的微薄之力，试图打破平衡，让世界向希望一边倾斜，但在巨大的力量面前，这努力却无异于蜉蝣撼树。

我们这一代人告败之处，愿下一代人青出于蓝。

*

1944年，二战即将结束的迹象逐渐明朗，终将以德国的失败而告终。因此，我们得以重返英国，还能在不承担严重风险的情况下带着孩子们同行。而约翰除外，因为无论返英还是留在美国，他都必须应征入伍。好在二战及时结束，而他也不必再为这个棘手的问题进退两难了。

与以前一样，我在英国的生活仍是公事和私事的混合，但私事的分量与日俱增。我发现，对于早已了结了的公事和私事，以及现在仍在进行中的公事和私事，我无法采用相同的方式进行叙述。由此产生的风格变化，可能会让一些读者感到意外。我只能希望读者理解这种变化的必然性，并理解为了不触犯诽谤法，我不可避免地需要对一些事情保持缄默。

在1944年的上半年，横渡大西洋是一件很复杂的事情。彼得和康拉德乘坐的是速度极快但不甚舒适的"玛丽皇后号"，船上挤满了孩子和母亲，所有的母亲都在因别人家的孩子怨声载道，所有的孩子都在肆无忌惮地闯祸惹麻烦，随时有掉入海里的危险。但在到达英国之前，我对这一切都一无所知。我乘坐的则是一艘庞大的护航舰，由小型护卫舰和飞机护送，以自行车般的龟速缓慢庄严行进。我随身带着《西方哲学史》的手稿，几位倒霉的审查员不得不从头到尾逐字阅读，生怕其中包含对敌人有用的情报。但到了最后，他们还是放下心来，认为哲学知识对德国人毫无用处，并非常客气地向我保证他们非常享受阅读这本作品，说实话，我觉得这种恭维实在难以置信。一切都要严格保密，连航行的时间和起航的港口也不能告知朋友。到了最后，我才发现自己乘坐的是一艘自由轮[4]，且这是这艘船的处女航。船长是个乐天派，为了逗我开心，他总说只有四分之一的自由轮会在处女航中裂成两半。不用说，这是艘美国船，而船长则是英国人。船上有一位船员是我的忠实支持者。他是轮机长，读过《相对论 ABC》，但对作者一无所知。有一天，我和他在甲板上散步，他提起这本小书的妙处，当我告诉他我是作者时，他简直欣喜若狂。船上还有一位商人乘客，船员们特别不待见他，因为他们觉得他还年轻，应该入伍上战场。但是，我倒觉得他挺讨人喜欢。另外，我也很享受那三个星期无所事事的日子。人们认为，船在靠近爱尔兰海岸之前不会遭遇潜艇，但在跨过海岸之后，我们便必须穿着外裤睡觉。然而，并没有发生任何事故。行程还有数天结束的时候，我们通过无线电广播听到了诺曼底登陆的消息，几乎所有船员都获准来听广播。我从广播里才知道，原来"Allons, enfants de la patrie, le jour de gloire est arrivé"[5]的意思是"朋友们，仗打到头了"。

一个星期天，船把我们搁在福斯湾北岸的一个小港口。我们经过长途跋涉，才到达最近的城镇，在那里，我第一次看到了战时的英国。目之所及，全是波兰士兵和苏格兰姑娘，波兰士兵对姑娘殷勤备至，把苏格兰姑娘逗得神魂颠倒。我乘夜班火车赶赴伦敦，一大早就到了，但到后一段时间却怎么也打听不到彼得和康拉德的下落。在一通疯狂的电话和电报之后，我才得知他们和母亲待在西德茅斯，康拉德得了肺炎。我立刻赶去，看到他迅速康复，才松了一口气。我们坐在海滩上，听着瑟堡[6]传来的海军的隆隆炮响。

剑桥三一学院邀请我担任为期五年的讲师，我已接受了邀请，还能享受附带的研究经费和学院住宿的权利。我来到剑桥，发现我的住处面朝露天的滚球草地，草地上鲜花盛放，让人赏心悦目。看到剑桥的美景丝毫未被破坏，我倍感欣慰，巨庭的宁谧，带给我一种几乎难以置信的抚慰。然而，彼得和康拉德的住房问题仍未解决。剑桥人满为患，起初，我能找到的最好的住处，就是一间宿舍里污秽不堪的房间。在那里，他们吃不饱饭，生活过得非常凄惨，而我却在大学里惬意度日。我在剑桥买了一栋房子，几个人在那里住了一段时间。

二战对日战争胜利纪念日[7]以及紧随其后的英国大选的那段日子，我们就住在这栋房子里。也是在那里，我创作了《人类的知识：其范围与限度》的大部分内容。我本来可以在剑桥过上舒坦的日子，但剑桥的女士们却对我们充满鄙夷。我在北威尔士的费斯蒂尼奥格买了一栋景色优美的小房子，然后一家人又在伦敦租了一套公寓。虽然我花了很多时间到欧洲大陆讲学，但这些年并没有做什么有重大意义的工作。1949年，妻子决定与我分道扬镳，我们的婚姻也就此终结。

在整个40年代直到50年代初，我对于核问题一直抱有一种困惑而焦虑的看法。对我来说，核战争显然会终结人类文明。同样显而易见的是，除非东西方一致改变政策，否则核战争的爆发便是迟早的事。自从20年代初开始，这些危险就在我的脑中挥之不去。但在那时，尽管有少数博学的物理学家意识到了即将到来的危险，但大多数人都对发生核战争的可能性视而不见，只会用一句"嗨，人类永远不会愚蠢到那种地步"轻描淡写地带过，这其中不仅包括大多数民众，甚至包括大多数的科学家。1945年对广岛和长崎的轰炸，使得核战争的可能性首次引起了科学家甚至少数政治家的注意。在这两座日本城市遇袭几个月后，我在上议院发表了一次演讲，指出爆发全面核战争的可能性，以及一旦发生核战争，全球性灾难便在所难免。我预测人类将制造出威力远大于广岛和长崎的新型原子弹，并解释了这种原子弹的构造，不同于之前的裂变式原子弹，新的原子弹将使用核聚变材料，也就是现在的氢弹。由于我所担心的军备竞赛尚未展开，当时仍有可能对这些怪物实施某种形式的管控，以确保将其用于捍卫和平而非制造战争。如果不考虑管控措施，形势将几近失控。这种可能性，无需什么想象力也能预见得到。大家都鼓掌赞成我的演讲，没有哪位贵族认为我的担心是杞人忧天。但我所有的听众却一致认为，这个问题应该留给他们的孙辈解决。数十万日本民众死亡的教训就摆在眼前，却没有人能意识到，英国只是侥幸逃脱，等到下一场战争爆发时，可能就没那么幸运了。没有人把这视为一场只有大国之间达成协议才能避免的全球危机。讨论虽然有一些，却没有人采取实际行动。事到如今，普通民众仍然抱持着这种漫不经心的态度。谁要是胆敢提起原子弹的话题制造不安，便会成为人们眼中的搬弄是非者，无异于在大晴天里胡言雨之将至的败兴之人，惹得大家唯恐避之不及。

与这种漫不经心的态度相反，我与少数几个人会抓住一切机会指出危险。无论当时还是现在，我都坚信想要规避迫在眉睫的危险，进行筹划和行动的最佳时机，便是在危险初见端倪的时候。一旦危险的推进已成定局，再想阻止就是难上加难了。因此，当美国向苏联提出巴鲁克计划[8]时，我感觉到了希望。与日后认清事实时相比，当时的我对这一计划以及美国人制订计划的动机的看法都有所美化，但我仍然希望当时的苏联能选择接受这个提议。然而事与愿违，1949年8月，苏联引爆了国家的第一颗原子弹，显然，为了在美其名曰为"防御力"的破坏力上与美国平起平坐，苏联不惜无所不用其极。除非采取措施加以管控，军备竞赛将不可避免。因此我在1948年末提出，作为补救，美国或许需要威胁立即对苏联发动战争，以求强迫苏联采取核裁军措施。我在《常识与核战争》的附录中说明了这种做法的理由。我在1948年所持观点的主要论据在于，当时的苏联屈从于西方国家要求的可能性还很大。但在苏联拥有了相当数量的核动力机队[9]后，这种可能性便微乎其微了。

然而，在提出威胁发动战争的建议时，我只是随口一说，并未冀望真的会被采纳，并很快就把这件事抛诸脑后。我曾在一封私人信件中提到这件事，后来又在一次演讲中提到，但我没能料到，这次演讲的主题竟会成为媒体剖析的对象。后来，那封信的收信人请求我同意让他把信发表，于是我一如往常，并未考虑信的内容，只表示如果他愿意便可以发表。他照做了。当我在信中看到先前提出的建议时,就连自己也大吃一惊。再者,我也把在上述演讲中提过该提议的事忘得一干二净。而糟糕的是,等到这些无可辩驳的证据摆在我面前时,我却得矢口否认。这是一大憾事,否认自己说过的话是可耻的行为,对于说出去的话,我们只能选择辩护或收回。在这件事上,我可以也的确为自己说过的话进行了辩护,而且应该早些采取这一步行动,且不是以混淆的记忆作为依据。根据多年的经验,我已养成盲目相信记忆的习惯。

在此期间,我个人的思想却越发混乱起来。我变得越来越悲观,对于人们提出的任何逃避核战争的方法都愿意一试。我的心情陷入了一种极度的焦虑和恐惧,就像看到地平线上一场雷暴降至,但乌云尚未将太阳遮住时那样忐忑不安。对当时的我来说,保持头脑清醒、不对人们的任何建议都全盘接受非常困难。若没有幸福的个人生活作为支撑,我怕是不可能做到的。

二战即将结束以及我返回英国后的一段时间里,政府派我给部队授课。由于战争接近尾声,部队氛围比我想象的更加平和,记得有一次,拉斯基[10]和我一起被派去为一些空军人员发表讲话。拉斯基比我更为激进,博得了大家的一致认同。而我正讲到一半,却突然意识到有一半的听众悄悄离开了会堂,不知我是太过激进还是不够激进,无意间冒犯了他们。后来我才得知,德国正在对英国发动最后一系列空袭中的一次,那些空军人员其实是被叫去阻击的。

1944年，我发现自己的观点在某些方面发生了变化。我再次享受到了在英国广为盛行而在美国饱受压制的言论自由。在美国，如果有警察对我们说话，我的小儿子就会大哭起来；被警察指控超速的大学教授亦然（只是大哭与否要具体情况具体分析）。英国人不那么过激的态度，也让我自己不那么容易情绪激动，家的感觉也让我心情愉快。这种感觉在40年代末变得更加深刻，当时，我受英国广播公司之邀，担任里斯讲座[11]的第一位讲师。我不再被视为罪犯，不必再在接触年轻人时受到诸多限制。我比以往任何时候都更欣赏这种言论自由的氛围，这也影响了我为这几场讲座选择的主题，即"权威与个人"。1949年，这系列以此标题集结成书，主要探讨往往伴随工业化进展而来的个人自由的丧失。然而，尽管这其中的危险被人们逐渐认识，但无论是在当时还是后来，为降低危害所采取的措施却寥寥无几。

我在这系列讲座中鼓励大家思考，如何才能将进步所必需的个人首创性与生存所必需的社会凝聚力结合起来。这是一个宏大的题目，我在这里所做的探讨，不过是对讲座内容的注解，也会对这本书创作以来我所感兴趣的一些议题加以延展。

在我看来，这个问题归结为这样一个事实：社会应努力为人类争取安全和正义，同时也要争取进步。想要达成这些目的，就必须设立一个权力框架，即国家机构。但与此同时，个人自由也必不可少。为了争取个人自由，就有必要将文化事务与权力机构分开。当前最重要的安全问题,是保障各国不受敌国的入侵,为了实现这一目标,就必须建立一个强大到足以在国际事务中支配各国政府的世界政府。

由于单独一个国家在一个或多个更强大国家面前势单力薄,因此在国际事务中的安全必须依靠外部保护。一国或多国对于另一国的侵略,必须受到国际法的反对,不能听任某个好战国家为所欲为。如果不采取这种措施,任何国家都将随时面临被彻底摧毁的危险。武器的变化往往会打破势力的平衡。例如,15世纪的法国和英国之间就发生过这种情况[12],这些欧洲强国不再死守城堡,而是转而依靠移动的炮兵部队作战。此举为之前一直普遍存在的封建无政府状态画上了句号。同样,想要维持和平,国际力量也必定要使用核武器来终止国家之间的战争,并确保在任何可能出现的战争中稳获实质性胜利。实行这种改革相当困难,因为这要求这一国际权力机构武装起来,在与任何单一国家的战争中都有相当把握取利。

当时的大规模杀伤性武器不断发展,除了涉及与之相关的战争威胁之外,这些讲座对我个人的生活也很重要。这是因为这些讲座提供了一个主题背景,这些主题一直从方方面面吸引我投身其中,尤其是自1914年以来:包括个人与国家的关系、良心拒服兵役,以及公民不服从。

防止战争对于个人自由而言必不可缺。当战争迫在眉睫或正在进行时,各种重要的自由都会受限,只有在和平的氛围中才有望恢复。对于自由的干涉往往会远超必要的限度，这是恐惧造成的必然结果。当路易十六的头被砍下时，其他君主担心自己的脑袋也无法保全。他们急忙发动战争，惩处所有认同法国大革命的人。在一些政府因俄国革命闻风丧胆的时候，也发生过类似的情况，只是形式不那么暴力。如果个人要享有应有的一切自由，就必须有自由支持他眼中最佳形式的政府，而这种自由或许需要通过国际权力机构进行捍卫，这尤其是因为，核武器增强了各国互相干涉内政的能力。而战时的个人自由，则应扩大到个人有权选择是否参与战争。

在这些演讲中，我简要地回顾了政府权力的兴衰。在希腊的鼎盛时期，政府的权力很小：伟人可以利用在世的时间自由发展自己的才能，但战争和暗杀却往往会缩短他们的工作时间。罗马帝国带来了秩序，但同时也在很大程度上削弱了个人的成就。在帝国统治下，个人主动性被严重削弱，从而无法抵抗来自外部的新的进攻。罗马帝国灭亡后的一千年中，政府权威和个人主动性都微乎其微。以火药为首的新的武器赋予政府力量，并逐渐发展出现代国家，但随之而来的却是权威的泛滥。在一个拥有核武器的世界中维护自由是一个新的问题，而人们的思想尚未做好处理该问题的准备。除非我们能以比过去几个世纪更大的强度努力追求自由，作为个人的我们将陷入萎靡不振的状态，成为公共力量的牺牲品。

科学领域出现的棘手问题尤其多。现代文明国家在方方面面都依赖于科学。总体来说，科学可以分为官方的旧科学，以及老一辈人畏惧的新科学。这就导致了老人和新人之间的不断斗争，前者崇拜父辈的科学成果，后者则认可同龄人工作的价值。这种斗争在一定程度上是有益的，但一旦超出限度，便可能带来灾难。在当今社会，最显著的案例就是人口爆炸，而对付人口爆炸的方法，在老一辈看来无异于亵渎。

有些理想是颠覆性的，只有通过战争或革命才能有效地实现。从目前来说，其中意义最为重大的要数经济正义。在世界上实现工业化的地区，政治正义已经经历了全盛时期，但在非工业化地区仍有待建立，但是，"经济正义"仍是一个人们苦苦求索的目标。想要实现这一目标，就需要一场全球范围的经济革命。在我看来，如果不流血，这一目标就无法达成，我也不知道，这个世界如何能在缺失经济正义的状况下继续稳步发展下去。的确，一些国家正在采取措施，尤其是对遗产继承权加以限制，但这些步骤仍是非常片面和有限的。想想这世界上有多少地方的年轻人几乎没有受过教育，成年人没有能力实现基本的温饱。这样的不平等会引起嫉妒，也是引发巨大动乱的潜在原因。在我看来，这个世界是否能够通过和平手段改善较贫穷国家的困境，这一点非常值得怀疑，而且很可能成为各国政府在未来几个世纪面对的最难解决的问题。

战争对自由的侵犯所带来的问题，也同样非常棘手。其中最明显的当属征兵问题。在战争爆发时，军人们认为，除非我方所有男性全员参战，战争就无法取得胜利。而有些人则对此持反对意见，这或许是出于宗教考量，抑或因为他们在做的工作要比打仗更有用。在反对入伍这一问题上，老一辈与年轻一辈的理由可能出现或至少应该出现分歧。老一辈会表示，不能上战场的原因在于自己年纪太大；而许多年轻人则应该认为，比起参军打仗，他们的工作能对胜利起到更大的作用。

从宗教信仰角度反对参战则更加普遍。文明人从小就被教育杀人是邪恶的，一些人认为，战争的到来并不会让这一伦理律令失效。持这种观点的人并不在多数，我并不认为他们的行动对任何一场战争起到过决定性的作用。对于一个社群来说，一些人强烈感受到人性的支配，即使在战争时期仍然坚持遵守，这是一件好事。除此之外，强迫一个人去做他认为邪恶的事情，不啻一种野蛮之举。如果有人提议立法惩罚吃素之人，我们都会将这种提议视为野蛮之举，但当问题涉及愿不愿意杀人时，我们却开始怀疑此人是敌是友，如果判定此人是敌，我们还会认为有理由强制立法对他施以惩处。

除了那些认为一切战争皆为错的人之外，还有一些人反对的是他们被迫参加的具体战争。在朝鲜战争和后来的越南战争中，这种情况屡见不鲜。那些拒绝上战场的人，会受到相应的惩罚。法律不仅惩罚那些谴责所有战争的人，也会惩罚那些谴责具体战争的人。但显然，在任何一场战争中，至少有一方是在鼓吹邪恶。那些因持有这种立场而反对某场战争、某项法律或某些政府行为的人之所以受到法律的惩罚，是因为如果他们不受罚，便会显现出大局的纰漏。有人会表示，这种考量谴责了假定罪犯所受的惩罚，因此无异于对整套刑法提出了质疑。我认为的确如此，也认为每一个被判刑的罪犯，都会引来或大或小的质疑。在纽伦堡审判[13]中，当我们的一个敌人受审时，便出现了这种情况。人们普遍认为，如果由德国人来审判，纽伦堡审判的罪犯就不会被判有罪。德国政府的敌人会处死本国任何一个实施公民不服从的士兵，而对于德国士兵，不实施公民不服则成了定罪的理由。许多被判有罪的人都提出申诉，表明自己只是在上级的命令下才犯下罪行，但审判者却不予接受。纽伦堡审判的法官们认为，那些德国人应该本着正义和人道的名义施行公民不服从举措。如果受审者是这些法官的同胞而非敌人，他们就不大可能坚持这种观点了。但我相信，无论是敌是友，都会做出同样的判断。在我看来，可以接受和不可接受的公民不服从之间的界限，取决于采取此措施的理由，即其目的的严肃性，以及对其必要性的坚信。

在我进行里斯讲座的几年之前，我的大学教授、老友兼《数学原理》的合著者阿弗烈·诺斯·怀特海被授予了功绩勋章[14]。到了1949年初，我又成了当权派眼中值得尊敬的人，以至于他们觉得也该授予我一块功绩勋章。我自然受宠若惊，虽然讲来可能会让许多英国人和大多数英国权威人士惊讶，但我对于祖国抱有一腔热情，也很珍惜国家元首授予我的荣誉。为此，我必须到白金汉宫参加正式的授予仪式。国王和蔼可亲，但要彬彬有礼地对待一个像我这样古怪甚至蹲过监狱的家伙，多少还是有些尴尬。他告诉我："你的一些行为方式若是被民众广泛采用，那可就要乱套了。"当时我脑中突然冒出的回应是"我和令兄彼此彼此"。事后，我一直很庆幸自己没有把这句话脱口而出。但是，他的话是在暗指我曾因良心拒服兵役的种种旧事，我觉得不能对这句话忍气吞声，于是回答说："一个人的行为举止要取决于他的职业。例如，一个邮递员就应该把街区上有信要投递的家家户户的门敲个遍，但如果把敲门人换成别人，这个人就是在滋扰公众了。"国王不愿回答，于是急转话题，说同时拥有嘉德勋章[15]和功绩勋章的人除我之外仅有一人，问我是否认识。我回答说不知此人是谁，国王亲切地告诉我，这个人就是波尔特勋爵[16]。波尔特勋爵是我的表弟，但我并没有吱声。

从澳大利亚返回英国后不久，我又一次去了美国。我受到新英格兰著名的曼荷莲女子学院[17]"开设短期课程"的邀请，在那里讲授了为期一个月的哲学课。此后，我又从那里去了普林斯顿，在那里发表了一次演讲，并与包括爱因斯坦在内的许多老友重聚。在那里，我收到了获得诺贝尔奖的消息。

几个月后，这些演讲、加上我在牛津郡的拉斯金学院[18]的演讲，以及1949年于伦敦皇家医学会发表的劳埃德·罗伯茨[19]演讲汇编在一起，为我的著作《科学对社会的影响》的内容奠定了基础。

没有想到，我的演讲在纽约似乎很受欢迎，也吸引了大批听众,然而就在不久之前,我还在此遭受过恶毒的诽谤。这种情况对于第一次演讲或许并不奇怪,因为大家或许只是想来看看这个可恶之人的嘴脸,希望目睹语出惊人、令人发指和群起而攻之的场面。但没有想到,随着讲座一场场进行下去,大厅竟被越来越多热情的大学生挤得水泄不通。由于人数太多,连落脚的地方都没有,以至于很多人都被拒之门外。我觉得,这种情形是连主办者也始料未及的。

我所关心的主要问题,是科学知识如何赋予人类更大的力量。第一场演讲的要点,可以通过下面一句话来总结:"想要事情如你所愿地发展,靠的不是祈祷和谦恭,而要对自然规律有所认识。"我指出,通过科学手段获取的力量,要远超前人试图通过神学途径获得的力量。第二场演讲的主题是,科学技术的应用如何使人类获得更大的力量。演讲从火药和航海罗盘开始:火药摧毁了城堡的防御,而航海罗盘则创造了欧洲征服世界其他地区的势力。政府力量的增强固然意义重大,但工业革命带来的新势力则更为关键。在这次演讲中,我重点探讨了早期工业力量带来的恶果,以及任何强国采用选择性育种[20]可能带来的危险。从这一点出发,我接着谈到在战争中采取科学方法如何可能导致的危害增大。而目前,战争却是科学方法最重要的应用形式,这不仅会对人类的生存带来威胁,甚至会对所有比微生物更大的生物带来威胁。如果人类要生存下去,发动科学战争的权力就必须集中在一个至高无上的权力机构中。然而,这与人类的心理习惯背道而驰,以至于到目前为止，绝大多数人宁愿冒着灭绝的危险也不愿采取行动。这是我们这个时代最大的危险，而能否及时建立世界政府，已经成为最关键的问题。在第三场演讲中，我主要讨论了我不认同、却被很多人奉为科学的一些关于善恶的观点。这里所说的观点认为，"善"等同于"有用"。在这系列演讲的结尾，我探讨了一种心态，如果想要创造出幸福的世界，这种心态就必须占据主导地位。我认为，第一个必要条件就是铲除教条主义，因为教条主义几乎会不可避免地导致战争。我引用下面的一段话，来概述我认为拯救世界所需的价值观："我们的时代需要某些东西，也应该避免某些东西。我们的时代需要同情以及对于人类幸福的愿望，也需要求知的欲望和摒弃安抚人心的神话的决心，最重要的是，我们的时代需要大胆的希望和创造的冲动。而已将我们的时代带到灾难边缘且需要规避的东西，则是残忍、嫉妒、贪婪、竞争、对有违理性的主观确定性的追求，以及弗洛伊德学派所谓的死亡驱力[21]。"

现在想来，当时的我其实不必因为听众喜欢我的讲座而感到惊讶。几乎所有年轻的学生听众都是自由主义者，也希望听到权威人士发表自由甚至带有类似革命性质的观点。另外，他们也很喜欢听我对任何公认的观点进行嘲讽，无论这观点正不正统，比如，我对亚里士多德进行了一番嘲弄，因为他曾说与被地鼠咬伤是危险的，尤其是被怀孕的地鼠咬伤。我的听众抱着一种玩世不恭的态度，我也同样。我猜，这就是他们喜欢听我讲课的主要原因。我的非正统思想并不局限于政治。我于

1940年因性伦理在纽约遭遇的麻烦已成过眼云烟，但却在听众的心中埋下了一粒种子，让他们期待听到一些让老派和正统人士感到骇人听闻的言论。我在对选择性育种的讨论中，便涉及了很多类似的题目。总而言之，曾经让我饱受排斥的言论如今却为我赢来鼓掌喝彩，这不啻为一种惊喜。

1950年年底，我受邀到斯德哥尔摩去领诺贝尔奖，有些出乎意料的是，让我获得诺贝尔文学奖的，竟是《婚姻与道德》这本书。我心中有些不安，因为我记得恰好是在三百年前，笛卡尔曾在一个冬日被克里斯蒂娜女王[22]召唤到斯堪的纳维亚半岛，感染风寒而死。然而，我们的居住环境温暖舒适，只是下雨，没有碰到下雪，这有点令人失望。颁奖的场合虽然隆重，但仍然轻松愉快，我也十分享受。我为另一位获奖者感到惋惜，他一副苦不堪言的样子，扭捏得不愿与任何人说话，当他不得不像所有获奖者一样发表获奖感言时，声音却细得听也听不清楚。晚宴上，我与约里奥-居里坐在一起，我们相谈甚欢。在国王举行的晚会上，一位副官告诉我国王想和我谈谈。他希望瑞典与挪威和丹麦联合起来，一起对抗苏联。

我的1950年以获得功绩勋章为开端，又以诺贝尔奖作为尾声，似乎标志着我在声望上达到了顶峰。而我也逐渐开始感到有些不安，担心这可能意味着盲目的正统观念有了萌芽之势。我一直认为，不作恶的人是不可能收获名望的，但道德感迟钝如我，却始终看不出我在什么事情上作了恶。自从《西方哲学史》出版开始，我的荣誉和收入都随之增加，这给我带来了一种自由和自信的感觉，让我得以把全部精力都花在想做的事情上。我完成了大量的工作，也因此满怀乐观和热情。我感觉，此前的我或许一直过于偏重威胁人类的阴暗面，是时候写一本凸显当下较为轻松愉快议题的作品了。我把这本书命名为《变化中的世界的新希望》，在面对两种可能性的议题上，我会特意凸显更为美好的可能性。我不会判断美好和黑暗哪一个容易实现，而是坦言无法做出这种判断。这本书的结尾塑造了一幅图景，如果我们做出相应的选择，这幅图景就能成真。我写道："在人类从树上下来的漫长岁月里，人类不畏艰辛、克服万险，穿过尘土飞扬的广袤沙漠，满眼都是途中殒命之人的白骨。他们饥肠辘辘、口干舌燥，畏惧野兽的出没，还要提防敌人的袭击，其中不仅包括活着的敌人，还有由自心惶恐投射到这个危险世界中的死去的对手的幽灵。最终，人类走出沙漠，来到一片欣欣向荣的土地，但经历了漫漫长夜的人类，却忘记了如何微笑。我们无法相信黎明的光明，觉得光明只是不值一提的幻象，而是固守着古老的神话，继续生活在恐惧和仇恨中。而我们最仇恨的就是自己，将自己视为可怜的罪人。这简直是庸人自扰。当前，人类只需做到一点就能拯救自己：向欢乐敞开心扉，任凭恐惧在被遗忘的过去的幽冥中胡言乱语去吧。人类必须抬起头来声明：'不，我不是可怜的罪人；我已走过漫长而艰辛的道路，懂得如何靠智慧战胜自然的障碍，如何自由和快乐地生活，如何与自己甚至全人类和平相处.'如果人类选择快乐而不是悲伤,这便会成为可能。否则,永恒的死亡就会把自讨苦吃的人类埋葬在遗忘的角落。"

然而,心中的不安却在与日俱增。我无法让同胞们认识到他们和全人类面临的危险,这在我的心头压了一块巨石。痛苦有时能够增强我的愉悦,或许这种压力也一样,但痛苦依然存在,我越发认识到自己无法让别人理解这种压力的来源,而痛苦也随之愈演愈烈。我开始感到,我需要对《变化中的世界的新希望》进行全新而更加深入的审视,于是便尝试在《伦理学和政治学中的人类社会》一书中表达这一点,这本书的结尾曾一度满足了我通过有效方式表达担忧的渴望。

在书中探讨伦理学的原因在于,我经常受到指责,说我对其他学科分支抱着或深或浅的怀疑态度进行过探索,但除了一篇早先阐述摩尔《伦理学原理》[23]的论文,我一直对伦理学避而不谈。我的回答是,伦理学不是一门学科分支。因此,我现在选择换一种方式对伦理学加以讨论。在《伦理学和政治学中的人类社会》的前半部分,我讨论了伦理学的基本概念;在后半部分,我探讨了这些概念在实际政治中的应用。前半部分分析了道德主准则等概念,涉及善恶、罪恶、迷信伦理以及伦理制裁。在所有这些探讨中,我都会从传统上被贴上伦理标签的学科中寻找一种伦理因素。我得出结论,伦理学向来不能算是一门独立的学科,而是一种从根本上可归结为政治的东西。例如,对于一场双方势均力敌的战争,我们该作何评判?在这种情况下,双方都可能声称自己显然站在正义一边，其失败将意味着人类的灾难。除了诉诸对残忍的憎恨或对知识和艺术的热爱等其他伦理概念，我们将无从证明这一论断。战争可能是由一方的谎言引发的，这本应是进行驳斥的极佳证据，但我们后来却发现，原来另一方也撒过同样的谎。对于这类争论，我们无法得出完全理性的结论。如果一个人相信地球是圆的，而另一个人相信地球是平的，两人便可以共同航行，通过理性得出结论。然而，如果一个信仰新教，另一个信仰天主教，就无法通过已知的方法得出理性的结论。出于这些原因，我开始同意桑塔亚那的观点，认为不存在所谓的伦理"知识"。然而，伦理概念在历史上向来意义重大，我不得不认为，对于人类事务的考察若是忽略了伦理，便难免有失完整和公允。

我曾将这条原则奉为对于伦理学的指导思想：伦理源于激情，没有有效的方法可以让人从激情行事过渡到理性行事。我接纳了大卫·休谟[24]的公理："理性是且应该只是激情的奴隶。"这句话虽然不能完全表达我的态度，却是我能找到的最接近的表述。批评人士喜欢指责我完全理性，而这句话至少能证明我并非完全如此。各种激情之间的实际区别在于其成效：有的激情能让人如愿以偿，有的激情则会让人一败涂地。追求前者，便会幸福；如果后者，便会不幸。这至少是一个普遍适用的规则。看起来，这似乎是对"责任""自我否定""应行之事"等玄虚概念的研究得出的一个敷衍而俗气的结果，但我却相信，这便是对于有效研究结果的概述。只有一点例外：我们觉得，以自我牺牲的痛苦为代价广泛造福他人的人，要比为自己谋取幸福却为他人带来痛苦的人要善良。对于这种观点，以及多数人利益高于少数人这一观点，我都找不出任理性的依据。二者完全属于伦理的范畴，我不知道在政治或战争之外，还有什么办法可以解决这些问题。关于这个主题，我只能发表一条意见，即伦理观点只能用伦理公理来辩护，而如果这条公理不被人们所接受，理性的结论便无从得出。

想要得出伦理结论，有一条近乎理性的方法具有一定的有效性，这种方法可以称为"相容学说"[25]。这一学说的内容如下：一个人拥有的所有欲望可以分为不同的组别，每一组别都由或同时满足或相互冲突的欲望组成。例如，你可能是民主党的热情拥护者，但却讨厌民主党的总统候选人。在这种情况下，你对党派的热爱和对党派个人的厌恶是不可能并存的。抑或，你厌恶某个父亲，却喜爱他的儿子。在这种情况下，如果父子总是形影不离，你便会觉得这对父子是不相容的。从很大程度来说，政治的艺术在于尽可能多地将一群可相容的人聚集在一起。一个希望幸福的人，会尽可能多地将相容的欲望奉为生活的主宰。从理论来看，这种学说并未提出最终的解决方法，而只是假设幸福要好过不幸。这是一条无法证明的伦理原则。出于这个原因，我并不认为相容学说可以作为伦理学的基础。

我不希望人们认为我对伦理问题漠不关心。和较低等的动物一样，人类也具有与生俱来的激情，且难以将各种激情互相调和，尤其是在一个关系紧密的群体中。对于这种生活，政治的艺术便是不可或缺的。一个对政治的艺术一窍不通的人与野蛮人无异，也无法在文明社会中立足。正因为此，我才把著作命名为《伦理学和政治学中的人类社会》。

虽然这本书得到了如潮的好评，但我认为最重要的一点却没能唤起充分的关注，即伦理情感与伦理教条的不可调和。在我的心灵深处，这种阴郁的无能为力感一直挥之不去。我试图在我的理念中穿插一些轻松的内容，还特意创造了一些包含幻想成分的故事。许多人都觉得这些故事很有趣，也有一些人觉得故事对他们来说过于脱离现实，然而，其中的预言性却几乎没人看出。

早在这之前的20世纪初，我就写过各种各样的故事，后来，我会给自己的几个孩子编故事，聊以打发从海滩爬坡回到康沃尔住处的枯燥。后来，我把给孩子编的一些故事记录下来，但一直没有发表。大约在1912年，我模仿马洛克的《新共和》[26]风格写了一部小说，名叫《约翰·福斯提斯的困惑》[27]。虽然我时至今日仍然觉得前半部分不错，却觉得后半部分很枯燥，因此从未打算出版。除此之外，我还创作过一则故事，但也从未发表。

自从卢瑟福[28]首次发现原子结构的时候起，原子力迟早会被用于战争一事已经显而易见，这也让我预见到了人类由于愚蠢而彻底自我毁灭的可能性。在我的故事里，一位纯粹的科学家制造了一台足以摧毁一切宇宙物质的小型机器。到目前为止，由于一直埋首于自己的实验室，他决定在使用机器之前弄清这个世界是否应该毁灭。他把这台小机器放在马甲的口袋里，只要一按按钮，世界便将不复存在。他周游世界，研究他眼中所有邪恶的东西，但却一直得不到答案。直到他参加了英国某市长的一场宴会，政客们的胡言乱语让他忍无可忍，于是他一跃而起，宣布要毁灭世界。其他客人冲过去想要阻止，他将拇指伸进马甲的口袋，却发现为晚宴换衣时忘了把机器放在新换的衣服里。

我当时之所以没有发表这个故事，是因为觉得情节似乎距离现实太远。然而随着原子弹的出现，这个故事已然不再脱离现实。因此，我又创作了一些具有类似寓意的故事，其中一些以原子浩劫告终，而另外一些我称为"梦魇小说"的故事，则体现了名人杰士内心深处的恐惧。

创作这些故事，是对我迄今以来未经表达的思想感情的一种彻底释放：如果不说明缺乏理性依据的担忧，这些思想感情就没有表达的出口。这些故事的范围逐步扩大，我发现可以通过这种虚构的方式来表达那些被人视为杞人忧天的危险，而只有少数人才能读出个中意味。在小说中，我可以陈述一些我半信半疑，但没有充分理由相信的观点。通过这种方式，我便得以提醒人们留意不久的将来有可能出现的危险。

我的第一本故事集名叫《郊区的撒旦》。故事集同名小说的部分内容，是我受一个在摩特雷克遇到的陌生人的启发创作的。他一看到我便穿过马路,一边走一边在胸前画十字。从一定程度来说,这篇故事也受到了一个我以前经常在散步时遇到的可怜疯女人的启发。故事描写了一位邪恶的科学家,通过种种巧妙的手段,让在道德上有过一次过失的人陷入穷途末路。其中一个人是位利用拍照进行敲诈勒索的摄影师,我将一个给我拍过照的名流摄影师作为他的原型。这个人在故事写完不久后便一命呜呼,那时我才得知,我在故事中为角色安排的一切罪行,他都在现实中犯过。另一个故事描绘了人类和火星人之间的殊死搏斗。故事中有一段丘吉尔风格的雄辩激昂的演说,呼吁所有人忘记彼此的分歧,奋起捍卫全人类。我尽可能模仿丘吉尔的语气朗读这段演说,灌录在留声机唱片里,简直不亦乐乎。

一年后,我又创作了一组名为《名人的梦魇》的系列故事,意在表现在名人们睡去时困扰内心的恐惧。我收录在其中发表的一个篇幅较长的故事名叫《扎哈托波克》,故事讲的一份原本捍卫自由思想的职业,却逐渐落入残酷迫害的正统观念之中。迄今为止,所有伟大宗教的命运都是如此;至于将来如何才能避免,我也没有答案。我把故事交给秘书用打字机誊出,打到那位半神的国王用美女做成早餐献祭的部分,我正好进屋查看她的进展,却发现她因害怕而变得语无伦次。就像我的许多其他作品一样,很多人都把这个故事改编成了电影和戏剧的剧本,但等到真正要拍摄的时候,要不是没人愿意制作,就是我自己因为改编版本过于浅薄等原因而不愿让人制作。只是我的一个遗憾，尤其是遗憾《名人的梦魇》中没有一则故事改编成芭蕾舞剧。这些故事提出了许多我希望引起人们注意的问题，其中几篇还给出了问题的答案。

在创作名为《噩梦》的一篇故事时，我遇到了一段有趣的经历。主人公是个法国人，用法语诗哀叹自己的悲惨命运。一天晚上，我在法国之盾餐厅吃饭，突然开始用在我听来最为逼真的法国古典风格朗诵起他的遗言来。这家法国餐馆的顾客大多是法国人，他们纷纷转过身来，惊讶地盯着我，然后窃窃私语，怀疑我是不是他们偶遇的某位不知名法国诗人。我不知道他们纳闷了多久。

我发现，编辑和读者都不愿意接受我的小说作家这一角色。从表面看来，他们似乎反对我尝试他们不习惯我涉足的领域。每个人都希望我继续当预言厄运的作家。写到这里我突然想起，我曾问中国学者应该在演讲时选择什么话题，他们给出的答案是："哦，聊聊您在上一本书里说的话题就行。"公众不允许作者改变自己的写作风格，也不允许作者偏离先前的主题太远。

如果需要自我辩护，写作故事的理由就是，我往往感觉寓言是表达观点最有效的方式。1944 年从美国返英时，我发现英国哲学处于一种非常奇怪的状态，仿佛完全被琐碎的事物所占据。哲学界的每个人都在喋喋不休地谈论所谓的"日常应用"。我不喜欢这种哲学。每一门学科都有自己的词汇，我不明白这种乐趣为何要从哲学中剥夺。因此，我写了一篇短文，里面列举了各种各样的寓言，取笑这种对于"日常应用"的崇拜，并指出这个词对于哲学家们来说其实意味着"公共休息室的闲言碎语"。文章发表后，我收到了一封来自"头号罪犯"的信，表示他同意文中的观点，但不明白这篇文章针对的是哪些人，因为他对这一"邪教"的存在一无所知。但我发现，从那时开始，"日常应用"的说法便很少被人提及了。

回顾起来，我发现我的大多数作品都会通过寓言强化观点。例如前不久，我在《科学对社会的影响》中发现了这样一个段落："我想强调的是，当前那种并不罕见的麻木倦怠的绝望是非理性的。人类的处境犹如正在一处艰难而危险的悬崖上攀爬，但悬崖的顶端，则是一片长满宜人绿茵的高原。每爬一步，掉落悬崖的可能性就显得更加可怕；每攀登一步，他的疲倦就增加一些，往上的路也更加举步维艰。最后，登山者与目的地只差一步之遥，但他无法把视线投过头顶突出的石块，因此并不知道这一点。他已经筋疲力尽，只想休息。如果放手，他便会在死亡中得到安息。希望呼唤着：'再努一把力，或许只差这一步了。'而嘲讽却反驳道：'愚蠢的家伙！你不是一直在听从希望的召唤吗？看看这给你带来了什么恶果。'乐观说：'有生命，就有希望。'悲观却咆哮着：'有生命，就有痛苦。'这位疲惫不堪的攀登者是再努一把力，还是听任自己落入深渊呢？再过几年，我们当中那些还活着的人便会知道答案。"

日后，我的其他故事、噩梦和美梦等内容，组成了我的著作《现实与虚构》中的虚构部分。我原以为评论家们会拿我的书名和内容开涮，但事后却发现是我多虑了。

我向整个人类　　呼吁：

铭记你们的人性，
将其余的一切抛诸脑后

第十一章
罗素－爱因斯坦宣言

我为何而活：罗素自传
THE AUTOBIOGRAPHY
OF BERTRAND RUSSELL

我之所以能从过去二十年的绝望忧惧和不祥预感之中走出来,尤其要归功于我与伊迪丝·芬奇的相爱。她是我在世纪之交便熟识的露西·唐纳利[1]的好友,我在三四十年代多次访美期间偶尔与伊迪丝会面,也与她偶尔见面。露西是布林莫尔学院的教授,伊迪丝也在那里教书。自从我娶了布林莫尔学院院长的表妹[2]后,便一直与学院保持着友好的关系。在我被纽约市立学院解聘后,布林莫尔学院是美国第一所打破对我的抵制的学府。学院哲学系的保罗·韦斯写信邀请我去那里发表系列讲座,我欣然接受了邀请。在写作《西方哲学史》时,布林莫尔学院委员会大方允许我使用他们一流的图书馆。1950年,我在哥伦比亚大学讲学时露西已经去世,伊迪丝则已经搬到纽约,我们在那里又一次相见。

我们的友谊日臻成熟,没过多久,我们就再也无法忍受大西洋的阻隔。她在伦敦定居下来,我住在里士满,因此我们经常见面。这是一段无比幸福的时光。里士满公园充满了回忆，其中许多甚至可以追溯到我的幼儿时期。重述童年往事，为之重新赋予生机，我感觉自己仿佛重温了过去的生活，从中获取了一种比当时更加美好的全新的慰藉。在追忆往事的喜悦中，我几乎将核武器的威胁抛诸脑后。我们漫步在彭布罗克庄园，穿过里士满公园和邱园时，曾经在那里发生的种种跃然眼前。彭布罗克庄园外有一座喷泉，就在那里，帮助我摆脱恐水的男仆抓住我的脚跟，让我把头浸在水里。虽然与当前所有的教育理念相违，但这一招十分见效：只用了一次，我就再也不怕水了。

我们不仅时常在里士满和伦敦周边、泰晤士河沿岸、公园和伦敦市散步，有时还会开车到更远的地方。一次，我们在朴次茅斯路上遇到了一起事故。我们虽是正常行驶，却被一辆农用卡车撞上，汽车被撞得粉碎。幸亏当时有很多旁观者证明了我们的无辜。我们惊魂未定，但还是接受了一些好心人搭车的邀请，一路坐到吉尔福德，在那里我们打了一辆出租车到布莱克当，按原计划散步。在那里，我回忆起种种儿时的"丰功伟绩"。我两岁那年的暑假，我和家人租住在丁尼生的房子里，大人们让我站在沼地，用凄厉的声调吟诵：

哦，我的表妹，浅薄如你！
哦，我的艾米，已不再属于我！
哦，这苍凉悲凄的沼泽地！
哦，这荒芜萧索的海岸！

回想起来，这些小小的冒险听起来微不足道，但在当时，一切都沐浴在彼此探索和两情相悦的光辉中。幸福使我们暂时忘记了外部世界的可怕，眼中只有自己与彼此。我们发现，我们不仅全心全意地深爱着对方，而同样重要的是，我们逐渐认识到两人的品位和感情深深相通，兴趣也基本相合。伊迪丝不具备哲学和数学方面的知识，而我对她了解的某些领域也一无所知。但是，我们俩对人与世界的态度却非常相契。那时，我们因彼此相伴而产生的满足感似乎无穷无尽地与日俱增，形成了一种持久而稳固的幸福，为我们的生活夯实了基础。因此，本书下文所写的大部分内容，都少不了她的身影。

我们的第一次长途旅行是去枫丹白露，我能记起的唯一在大庭广众之下的纷争，是因为摩萨台[3]试图对伊朗石油进行国有化一事而起的。除此之外，我们的幸福拥有了风平浪静的世界所能赋予的最难能可贵的宁静。天气明媚而温暖，我们尽情饕餮法式酸奶油配欧洲野莓。我们去了巴黎，在那里，由于过去参加的访谈，法国电台给了我一大笔出乎意料的酬劳，我们用这笔钱在布洛涅森林举行了一场盛大的午餐会和几场更为肃穆的活动。除此之外，我们还在杜乐丽花园散步，参观了巴黎圣母院。枫丹白露宫我们倒是从未造访。我们常常在一起开怀大笑，有时无缘无故就能乐不可支。

从那以后，我们又在巴黎度了几次假，其中最为特殊的要数 1954 年的一次，我们把这整段时间都花在了观光上。我们两人分别在巴黎居住了相当长的时间，但我却从来没有参观过那些值得一看的景点。乘着苍蝇船[4]沿塞纳河漂荡，参观各种教堂、画廊和花鸟市场，真是不亦乐乎。但是，其间也有过一些不愉快的经历：有一天，我们去圣星期教堂游览，发现那里尽是些冰岛游客，在听导游讲解教堂的宏伟之处。一看到我，大家不再听导游的讲解，而把我当成了最重要的"景点"。我对圣星期教堂的记忆有些混乱，记得我们躲到了司法宫对面我们最喜欢的餐厅露台上。第二天，我们去了我们都很喜欢的沙特尔主教座堂。而遗憾的是，我们发现那里已经变成了游客们的"圣城麦加"，满目都是明信片和纪念品。

1952年的春天，我们去了希腊，在雅典待了一段时间，然后花了十天左右的时间开车穿越伯罗奔尼撒半岛。和所有人一样，一到雅典，我们立即动身前往雅典卫城。由于失误，我们原本想抄近路，却走到了卫城的背后。我们无奈只能沿着羊肠小径爬上悬崖，穿过带刺的铁丝网才抵达。到达目的地时，我们已是上气不接下气，身上刮痕累累，但仍止不住欢欣鼓舞。后来，我们又故地重游多次，选择的都是比较正常的路线。月光下的卫城美轮美奂，一片阒寂。但突然之间，我听到旁边的一个声音说："您是不是罗……素先生呀？"每个吐字都显得那么装腔作势。原来，提问者是一个来自美国的游客。

山上仍然覆盖着白雪，但山谷里的果树已是花满枝头。孩子们在田野里嬉戏，人们的脸上洋溢着幸福，就连驴子看起来也是一副满足的样子。唯一昏暗的地方是斯巴达，她在泰格特斯山下阴沉幽思，散发出一种恶魔般的邪气。德尔斐没有给我留下深刻的印象，但埃皮达鲁斯却显得温柔可人。说来也奇怪，这片岑寂并未被在我们之后不久到达的一车德国人打破。我们正坐在剧院里神游，突然之间，一个优美清脆的声音在头顶上空飞荡。原来，德国游客中的一个人是歌剧名伶，和我们一样，也为这里的魔力而痴迷。总的说来，这群德国游客并没有打扰到我们。但是，美国军队却扰得我们不得安宁。到处都是他们的卡车，尤其是在雅典，他们声嘶力竭的吵嚷和目中无人的苛求，让这些希腊的市镇显得嘈杂聒噪。但除了他们之外，我们沿途遇到或匆匆瞥见的希腊人都显得那么谦恭、快乐而聪慧。他们在雅典的公园里与孩子玩乐时的幸福模样，给我们留下了深刻的印象。

我以前从未到过希腊，觉得所见的一切都非常有趣。然而，其中的一个方面却是我始料未及的。在瞻仰过所有人都心怀仰慕的巨大建筑奇观之后，我来到了一座建于希腊尚属拜占庭帝国时期的小教堂。令我意想不到的是，置身这座小教堂里的感觉，要比置身帕特农神庙或其他任何异教时期的希腊建筑都更自在。我在那时意识到，基督教的观点对我产生的影响要比我想象的更大。这种观点影响的不是我的信仰，而是我的感情。在我看来，希腊人与现代世界的不同之处主要在于，希腊人并不强调"罪"的概念，但我却有些惊讶地发现，我虽然不把这种概念奉为信仰，但在感情上却深受影响。然而，古希腊的一些东西还是深深撼动了我。其中让我印象最深的，要数"赫耳墨斯和小酒神"[5]中美丽而悲悯的赫耳墨斯。

1953年，伊迪丝和我在苏格兰度过了三个星期的时间。途中，我们参观了我出生的宅子，这座宅子坐落于威河谷地上方的山丘上。一到圣菲兰斯（即我们的目的地），我就告诉接待员，我自从1878年以来就再也没有来过这里。她盯着我看了一会儿，然后说："您那时一定还是个小男孩呢。"我们多次驱车出游，有时只能沿着凹凸不平的马车小径，有时还会到荒野散步，这些经历，至今仍然让我们历历在目。一天下午，当我们爬到山顶的时候，一只母鹿带着小鹿出现，向我们小跑而来。在下山的路上，在一汪山中小湖的岸边，一只骄傲而温驯的戴胜鸟飞落下来，对我们打量了一番。在驱车回圣菲兰斯的途中，我们穿过幽暗的格伦科峡谷，山谷阴森可怕的模样，仿佛那起惨案[6]才刚刚发生。

两年后，我们又去了一次圣菲兰斯，然而这次却远不及上次那么无忧无虑。我们不得不在前往格拉斯哥的路上停下来，以便让我发表支持罗瑟格伦工党候选人的演讲，这位候选人是世界政府孜孜不倦的支持者。我的喉咙越来越不舒服，无法正常吞咽，因此让我们的情绪有些低落。我打趣说，这是由于我捏着鼻子把政客们的声明吞咽下肚造成的。但比这一切更让人苦恼的是，我的大儿子得了重病。[7]在这个所谓的"假期"里，我们一直为他牵肠挂肚。与此同时，我们也为他三个年幼的女儿挂心，当时，这几个孩子就多多少少由我们照顾，到了后来，更是几乎全部交给了我们。

彼得与我分开后，我继续住在费斯蒂尼奥格，在山顶的一座房子里惬意地工作。从那里可以俯瞰山谷的全景，仿佛一幅描绘末日降临的古老天国版画。我偶尔才到伦敦去，在那里的时候，我有时会到里士满看望儿子和他的家人。一家人住在里士满公园附近的一所小房子里，对于这个有三个孩子的家庭来说显得很逼仄。儿子告诉我，他想放弃工作，专职写作。我虽然感到遗憾，但还是能够同情他的处境。我不知道如何帮助他们，因为我人在北威尔士，没有足够的钱帮他们在伦敦找一处住宅。最后，我想出了一个计划，决定从费斯蒂尼奥格搬到里士满，与儿子一家合租一套房子。

回到度过童年岁月的里士满，给了我一种灵魂出窍的虚无感。有的时候，我甚至难以相信自己的灵魂仍居住在肉身中。曾经的彭布罗克庄园是一座漂亮的建筑，却因公务员的指令而面目全非。有人告诉他们这里曾是名人的故居，他们之前对此一无所知，得到这个信息后，他们便决定尽一切努力抹去这里的历史价值。就这样，这里的一半改造成了公园管理员的公寓，另一半改造成了一间茶馆。花园被纵横交错的带刺铁丝网分割，在当时的我看来，这么做的目的，就是把这里的乐趣降到最低。[8]

我曾隐隐希望能租下彭布罗克庄园，让我和家人在那里落脚。由于客观情况不允许，我便在里士满公园附近租下一套还算宽敞的房子，把下面两层交给儿子一家，上面两层自用。在一段时间内，这种做法还算奏效，尽管两个家庭住在一起难免会起抵牾。我们在那里的日子很愉快，两家分开住，各自有各自的宾客，愿意的时候就在一起聚聚。而家人来来去去，工作繁忙，加上源源不断的访客，让我的生活尤为繁忙。

然而，里士满的愉快生活也有一些黑暗的插曲。1953年的圣诞，我准备再次入院接受一次大手术，而妻子和家人也都感染了流感。按儿媳的话来说，她和我的儿子已"对孩子忍无可忍"。于是，与我和几个孩子共进圣诞晚餐后，他们便一去不返。他们带走了家里剩下的食物，却把孩子留了下来。我们虽然很喜欢这些孩子，但在我们已然非常幸福而繁忙的生活中，这新加上的负担带来的烦扰仍让我们措手不及。有一段时间，我们真希望孩子的父母能回来担负起自己的责任，但随着儿子病入膏肓，我们不得不放弃这个希望，为孩子们的教育和假期做长期打算。除此之外，我的经济负担也很沉重，让我相当头痛。我的诺贝尔奖奖金支票面值一万一千多英镑，我把其中的一万英镑给了第三任妻子，因为当时的我不仅要支付她和第二任妻子的赡养费，还要肩负小儿子的教育和度假费用。除此之外，大儿子治病所带来的花销也很高昂，他多年来因为疏忽大意而没有缴纳的所得税，也落到了我的肩上。除此之外，日后对三个孙女的抚养和教育虽然可能温馨愉快，但带来的问题仍然不可忽视。

出院后的一段时间，我没有做太多的工作，到了5月，我觉得身体已经康复。我对国际笔会发表了纪念赫尔曼·乌尔德[9]的讲座，题目是《作为艺术的历史》。此后，国际笔会的秘书邀请我们共进晚餐，我就自己对于文学的爱憎侃侃而谈。

在文学家之中，我尤其讨厌华兹华斯[10]。我不得不承认他的一些作品堪称优秀，甚至感到钦佩和热爱，但他的大部分作品都过于枯燥、浮夸、愚蠢，让人难以忍受。不幸的是，我有一种轻易就能记住烂诗的本领，几乎能把所有拥戴华兹华斯的人蒙得云里雾里。

然而，这一切只是一些日常生活中的琐事，让我得以从占据我大部分精力的悲观国际时局中暂时解脱。虽然《伦理学和政治学中的人类社会》一书受到了如潮好评，但这本书的出版并没有平息我的不安。我觉得我必须找到某种方法，让人们明白这个世界正在盲目迎头奔向怎样的危险。我觉得，如果能在英国广播公司的节目中重述这本书的部分内容，或许能够加深人们的印象。然而，我的构想没能实现，因为英国广播公司拒绝重复播出任何已发表过的内容。因此，我另起炉灶，为人类谱写一曲新的挽歌。

即使在反核斗争相对早期的阶段，我似乎也找不到新颖的方法来表达已经翻来覆去说过多次的内容。我的第一版广播稿疲软无力，每一拳都没有使出全力。我立马把稿子弃掉，下定决心将不采取措施的后果公之于众。由此而生的产物，就是我在之前发表过的所有言论的浓缩版。其中的信息紧凑而翔实，至少从大致来说，我在这个问题上说过的一切内容都能在里面找到。然而，英国广播公司担心我的发言会让大批听众感到无趣或恐惧，因此还是给我设置了障碍。他们让我和一位年轻开朗的足球运动员进行辩论，好让他对我的悲观预言起一些对抵的作用。这在我看来简直荒谬至极,也让我清楚地看到,英国广播公司当局对我口中的灭顶之灾一无所知。我拒绝接受他们的要求。最后,我们终于达成协议,让我在12月单独做一次广播讲话。就像我所说的,在这次节目中,我对自己所有的忧惧和背后的原因进行了阐述。这次广播节目现在被取名为《人类危机》,最后的结束语是这样说的:"如果我们做出正确的选择,我们的未来,便是向着幸福、知识与智慧不断进发。那么,我们还应该因为无法放弃争执而选择死亡吗?作为人类的一员,我向整个人类呼吁:铭记你们的人性,将其余的一切抛诸脑后。如果你们能做到这一点,通向崭新天堂的道路就会铺开;如果不然,那么摆在你们面前的,只有全人类的消亡。"

这次广播对公众和我私人都产生了影响。于私人而言,这次广播暂时缓解了我个人的焦虑,让我感觉找到了适合用来阐述这个话题的表达方式。相比之下,这次广播对于公众的影响更为重大。我收到了数不清的请我做演讲或写文章的来信和邀约,远远超出了我的处理能力。而我也获悉了许多之前不知道的信息,其中一些颇为让人担忧:巴特西的议员来找我,告诉我巴特西议会颁布规定,一旦发生核攻击,该区的所有居民都必须遵守。一听到警笛声,他们就要冲到巴特西公园,挤上公共汽车,冀望靠这些公共汽车火速到达乡下的安全地带。

据我所知,几乎所有人都能认真对待这段广播,给出的反应也同样鼓舞人心。但我在一些演讲中,也出现过荒唐可笑的插曲。其中的一件事,我现在回忆起来还有些沾沾自喜:一个男人怒不可遏地站起来,说我看起来像只猴子。我反唇相讥道:"如果是这样,你就有幸聆听祖先的声音了。"

在评估广播发言取得的反响和考虑下一步采取的措施时,我意识到,我必须重点突出国家间合作的必要性。我突然想到,我或许可以起草一份声明,邀请资本主义和共产主义意识形态的一些名气和名望兼备的科学家共同签署,呼吁进一步采取联合行动。在动手采取任何措施之前,我曾写信给爱因斯坦,咨询他对这个计划的看法。他的回复非常热情,但也表示,由于身体不适,他连眼前已有的任务都很难完成,因此除了给我列出一些他认为会赞同这一举措的科学家之外,他帮不了什么忙。尽管如此,他还是恳求我把这个想法付诸实践,亲自拟定这份声明。以我的圣诞广播《人类危机》的内容为基础,我起草了这份声明。在我与议会制世界政府协会的成员们一起去罗马之前不久,我列出了一份东西方科学家的名单,并给他们每人写了一封信,附上了这份声明。当然,我早已将这份声明寄给爱因斯坦过目,但尚且没有收到他对这份声明的看法,也不知道他是否愿意在上面签字。当我们从罗马飞往巴黎参加世界政府协会举行的后续会议途中,机长宣布了爱因斯坦去世的消息。我为此而痛心疾首,不仅为他的离世而扼腕,也担心我的计划会因为得不到他的支持而泡汤。当我来到巴黎的旅馆时,却吃惊地发现了他同意签字的来信。而这,也成了他此生参与的最后一项公共事业。

在巴黎的时候,我与让·弗雷德里克·约里奥-居里[11]

就该计划进行了长时间的讨论。他对该计划表示了热烈的欢迎，并对我的声明表示认同，只是对一句话提出异议。我的原话是："大量使用原子弹，恐怕会带来全人类的死亡——只有少数幸运者能够瞬间殒命，而大多数人则会在疾病和组织损坏的长期折磨下死亡。"他不赞同我用"幸运"一词来形容那些瞬间殒命的少数人："死亡不能用幸运来形容。"他的建议或许是正确的，这种反讽放在国际背景下的确有可能产生歧义。总之，我同意把这个词删去。回到英国后，我一直没有收到他的消息。后来我才得知，他得了重病。除此之外，还有一些重要的科学家也没有给我回信。我给一位中国科学家写了信，却始终没有收到回信，我估计是把地址给写错了。爱因斯坦建议我去找尼尔斯·玻尔[12]帮忙，他觉得玻尔一定会赞成我的计划和声明。但是，尽管我一再写信和发电报，仍然好几个星期都没有得到答复。然后，他终于回了一封简短的信，表示不愿与该计划或声明有任何干系。仍对西方持怀疑态度的几位苏联院士也拒绝签字，但还是来信对该计划表示了一些赞许。几次通信之后，奥托·哈恩[13]教授表示拒绝签名，据我所知，他正在起草即将发表的科学家《迈瑙宣言》[14]。这份宣言已经拟好，但签署人只包括西方的科学家，因此在我看来似乎缺少一些说服力。幸运的是，其他一些签署过《迈瑙宣言》的科学家也赞同我的观点，在两份宣言上都签了字。从我个人来说，最感失望的莫过于没有得到母校三一学院院长兼皇家学会主席阿德里安男爵[15]的签名。我知道，他赞同我在广播中讲述的原则，而这些原则也是我希望他签署的宣言中的内容，且他本人也公开发表过类似的观点。得知三一学院希望在图书馆里收藏一本《人类危机》的手稿时，我感到非常欣慰。但在跟他就我的声明或宣言进行过探讨后，我好像理解了他不愿意签字的原因。"是不是因为这份声明表达得过于直白露骨了？"我问道。他证实了我的猜想。尽管如此，收到我来信的许多科学家很快便热诚地同意签名。只听别人提过这个计划的莱纳斯·鲍林[16]甚至主动提出签名，我当然求之不得。

回顾这段时光的时候，我真不明白自己是如何从一天二十四小时中挤出时间完成这一切的。我的足迹遍布罗马、巴黎和苏格兰，要处理家里的麻烦，安排北威尔士的度假事宜，还要写信、参加讨论、迎接访客和发表演讲。我写了不计其数的文章，除此之外，还要为要在1956年出版的《来自记忆里的肖像》一书做准备。

6月来临，写给科学家们的信件还有一些没有得到回复。不管怎样，我觉得就宣言宣传事宜制定具体计划的时机已经来临。在我看来，发布仪式应该安排得盛大一些，以便引起公众关注宣言的内容、意义及其支持者的显赫身份。在废弃了许多计划之后，我决定征求专家的意见。我对《观察家报》的主编稍有了解，认为他是个思想开明且富有同情心的人。事实证明，他的确具备这两种特质。他把同事叫来一同讨论，大家一致认为，除了公布宣言由诸多不同意识形态的著名科学家起草并签署之外，还需要采取一些别的措施。他们建议召开一场记者招待会，由我在会上宣读宣言并回答相关问题。然而，他们所做的远不止这些。他们提出策划和资助这次招待会，还要求等到招待会后再公布这些信息。最后敲定，会议于 1955 年 7 月 9 日召开。招待会的一个星期前，他们在卡克斯顿府[17]订下一间房间，还向英国所有报纸杂志的编辑、外国报纸杂志的代表、英国广播公司和外国电台及电视台的驻伦敦代表发出邀请。请柬上只是说，这次招待会旨在公布一件关乎全世界人民福祉的重大事件。我们因大家的热烈反应而精神大振，不得不把原订的房间换成了卡克斯顿府里最大的一间。

这个星期，我们忙得天昏地暗。一天到晚，电话铃声不断，门铃响个不停。无论是记者还是电台的主管，都想知道这条重要的新闻到底是什么。显然，每个人都希望能抢先一步挖到消息。美国的《工人日报》每天来电三次，说他们还没收到请柬。每天都有人三次告知他们，请柬的确已经发出去了。不过，他们似乎老是被人冷落，任凭我们怎么保证，他们都不愿相信。虽然不能跟他们透露，但宣言的一个目的毕竟在于促进共产主义世界与非共产主义世界之间的合作。所有的杂事，都落在了我的妻子和管家身上。我不能露面，也不能跟家人以外的人通电话。我们谁也不能离开住处。整个星期，我都坐在书房的椅子上试图读书打发时间。后来有人告诉我，每隔一会儿，我就会沮丧地嘟囔一句："怕是要竹篮打水一场空哟。"我只记得整个星期一直在下雨，天气又湿又冷。

另一个让我伤脑筋的难题是为招待会物色一位主席，这个人选不仅要为会议增光添彩，而且要有能力帮助我回答肯定会被问到的技术问题。出于种种原因，我联系的每个人都拒绝了这份工作。不得不承认，我怀疑他们的拒绝都是怯懦使然。但凡参与这份宣言或这场发布会的人，都冒着遭到非难的风险，至少在一段时间内，这可能会对他们造成伤害或让他们成为笑柄，而后者更让他们心存芥蒂。抑或，这些人之所以拒绝，是因为不喜欢这种场合有意营造的大张旗鼓的效果。最后，我得知约瑟夫·罗特布拉特[18]教授对这项事业非常支持。他毅然决然、毫不犹豫地同意出任主席，并在招待会上出色地履行了自己的职责。

这次记者招待会进行得非常顺利。大厅里挤得水泄不通，除了人头攒动之外，还堆满了录音和录像设备。我阅读了宣言和签署人的名单，并解释了宣言诞生的原因和来龙去脉。然后，在罗特布拉特的帮助下，我回答了与会人士的提问。不用说，爱因斯坦签名寄达的那段千钧一发的故事，让记者们尤为感兴趣。从此之后，这份宣言就被称为《爱因斯坦-罗素宣言》(或《罗素-爱因斯坦宣言》)。在会议开始时，媒体表现出极大的怀疑和冷漠，一些人甚至表现出了彻头彻尾的敌意。但随着会议的进行，记者们却似乎越发理解，甚至产生了赞同之情，只有一位美国记者例外，因为他觉得我在回答一个问题时所说的话是对美国的当众侮辱。会议在两个半小时后结束，与会者群情激昂，热切期盼号召科学家召开大会的呼吁能够达成。

一切都尘埃落定之后，我们回到米尔班克的公寓度周末，这时，我开始进行反思。我意识到，我不小心把马克斯·玻恩教授的名字从签名名单上漏掉了，甚至还声称他拒绝签字。而事实恰恰相反。他不仅签了字，而且非常热心且乐于助人。这是我的一个重大失误，让我至今仍然后悔不已。一意识到自己的错误，我就立即采取了一切能想到的方法加以弥补，但无奈为时已晚。玻恩教授本人也宽宏大量，一直和我保持着友好的通信往来。对于大多数签署人来说，签署宣言的努力和取得的成效要超越于私人感情之上。

这份宣言的公布在世界各地得到了广泛的新闻报道，消息源源不断地传来，其中以正面的声音为主。我的情绪逐渐高涨。但就目前而言，我已没有精力再进一步推动反对核军备的下一步举措。接下来的几个星期时间，我不得不全部都用来处理家事。在发布宣言之前昏天黑地的一周里，电话铃声接连不断，不是通知宣言相关事宜，就是告知最让我揪心的大儿子的病情。现在，我必须把全部心思都放在后者上，还要举家搬到北威尔士的新房里度夏。之所以去那里，是为尽快迎接三个孙女做准备。能够逃离伦敦，我也很高兴。大多数人似乎认为我是一个城里人，但事实上，我一生中大部分的时间都是在农村度过的，乡下的生活比我在任何城市里的生活都幸福惬意得多。但是，刚把几个孩子交给在里士满照顾了她们几年的保姆，我就不得不再次动身到巴黎参加另一次世界政府大会。会议在巴黎国际大学城[19]举行，内容非常精彩。

我一如既往地探索，
　　　　　探索
　　　　　探索
想要寻找
影响舆论的新方法

第 | 二章
特拉法加广场

我为何而活：罗素自传
THE AUTOBIOGRAPHY
OF BERTRAND RUSSELL

第十二章 特拉法加广场

1958年2月17日，核裁军运动组织[1]在威斯敏斯特中央礼堂的一次大型会议上公开成立。参加会议的人数众多，以至于不得不增设分会场。对于当今的许多民众来说，核裁军运动组织仿佛从一开始就是英国政治舞台的一个组成部分，因为被人们所熟知而显得平淡无奇。然而在成立的早期，该组织所发出的信息和信息背后的思考诚挚而新颖，在英国各大重要的人物和圈层中引起了相当广泛的关注。第一次会议引起了巨大的轰动，也举行得很成功。除此之外，对于核裁军运动组织的关注也迅速蔓延开来。很快，全国各地都成立了委员会和区域分会。各地举行了许多会议，我在其中一些会议上进行了发言。

核裁军运动组织的主席不赞成公民不服从措施，尽管组织名义上承认直接行动委员会[2]，但无法公开协助。因此，我没能参加1959年的游行，也没能参加随后在特拉法加广场举行的集会，但第二年的游行结束时，我在广场上发表了讲话。这些年来，我真希望自己再年轻一些，好参与到游行中去。在我看来，后续的游行似乎退化成了一年一度的野餐会。尽管个别游行者仍然一如既往地保持着真诚且值得钦佩，但这些游行却未能有效地达成目的，即引起人们对运动本身进行认真重视和广泛传播。从很大程度上来说，这场游行成了一种无聊、煎熬或荒谬的活动，只能说服少数尚未扭转观点的人。虽然如此，我认为继续甚至扩大这场运动仍是有意义的。我们必须不断寻求反对危险核政策的新鲜形式，以便吸取新的支持者，并激起观点迥异的民众的兴趣。

1960年，奥尔德马斯顿游行[3]后不久，艾森豪威尔和赫鲁晓夫在峰会上进行会晤，却以失败告终。最初，我们都对这次峰会寄予厚望，而U-2事件[4]后造成的破裂，对我们而言无疑是一个打击。我们对事件背后的阴谋诡计了解得越多，就越发感觉这次事件是一个不祥的预兆，不仅预示着合作无法顺利进行，裁军就更是遑论了。在民众因绝望而重新陷入麻木之前，寻求新的方法让公众意识到越发动荡的国际时局似乎比以往更加迫切。但对于这种新方法，我却一筹莫展。

核裁军运动组织一直在争取单方面裁军，认为如果英国放弃参与核军备竞赛，甚至要求美国从其领土上撤出基地，其他国家可能会效仿。这种做法无论在当时还是现在都希望渺茫，尽管如此，无论是当时还是现在，希望仍然存在。因此，此举值得我们继续付出努力。另外，除了说服公众，组织也希望能够说服英国政府接受这种观点。由于组织的大多数支持者来自工党，因此便开始对议会工党进行游说。我个人的看法是，这件事超越于党派政治，甚至超越了国界。我发现，这种合情合理的观点似乎没能得到公众的认可，因此，我愿意出力支持组织的事业。相比于我与组织都渴望达到的最终成果，采取的具体手段并不那么重要。我认为，如果能取得工党的支持，我们就离实现目标不远了。

在我于1958年夏天创作、1959年初出版的《常识和核武器战争》一书的前言中，我对自己的观点进行了阐述。1958年，我获得了卡林加科普奖[5]，也因此大受鼓舞，由于无法去印度，我在巴黎的联合国教科文组织领奖。我一如既往地继续探索，想要寻找影响公众舆论和政府舆论的新方法。我在1958年的成就，只触及了一些规模较小的圈子。当时，核裁军运动组织让我有了接触到更广泛民众的希望。在我看来，无论是当时还是现在，我们都必须根据常识来审视政府的政策，必须剔除其中的繁文缛节、所谓的"传统惯例"和笼罩一切的神秘感。这样一来，我们就能看清实相，发现当前的政策正在将全人类引向毁灭。

我们所需要的，是那些符合常识的政策。如果公众能够清楚地看到这一点，我就有一线希望：相信他们可能坚持要求政府的政策符合常识。我在创作《常识和核武器战争》时，正是怀着这样的希望。据我所知，这本书得到了广泛的阅读和读者的好评。虽然如此，这本书并未解决个人应该如何表达自己的观点并影响政策制定的问题，从这一点来说，一些读者的需求并没有得到满足。时任国防部长的邓肯·桑迪曾给我写信称赞这本书，并表示想要和我就书中内容进行讨论，这让我一度抱有很大的希望。他是一名保守党人，是英国政府的政策制定者，自己也曾就核武器问题参与编写了一本宣传手册。但当我去赴约时，他却说："这是一本好书，但我们需要的不仅是核裁军，还要终止战争本身。"我在书中曾说过确保世界不发生核战争的唯一方法就是结束战争，于是我把这句话指给他看，但却是白费力气。他仍然认定，如此睿智的话不可能出自我之口。对于我的其他论点，他则一概置若罔闻。我颓然离去，同时也意识到，大多数了解这一话题的读者在阅读我的书时都会带着强烈的偏见，只愿接受他们想要接受的内容。因此，在接下来的几个月里，我又捡起了那些零零碎碎的工作，在核裁军运动组织和其他机构的会议上讲话，发表广播演说，也回归到生活中的种种乐趣之中。

1960年7月底，一位名叫拉尔夫·舍恩曼[6]的美国年轻人第一次来拜访我。我对他与核裁军运动组织的一些相关活动有所耳闻，因此很想见见他。我觉得他精力充沛，很有想法，在政治方面虽然缺乏经验还有点教条主义，但却机智敏锐。而且，他敢于讽刺，且能够从本质上非常严肃的事情中发现幽默之处，这些都深得我心。很遗憾，在我所支持的事业中，很多人员都很缺乏这些特质。我发现，他的同情心很快就能被激发，是个冲动热血的年轻人。在我们最初见面的时候，他就像是一种催化剂，鼓励我探索核裁军运动组织焕发新生的方法。他非常希望发起一场公民不服从运动，也希望这场运动发展为全面反对政府核政策的群众运动，足以直接将群众的意见强加于政府。无论刚开始的规模多小，这场运动都必将发展成一场群众运动。从这一方面来说，这是一场新式的运动，与直接行动委员会的老旧愿景有所不同，因为后者想要的，往往只是抒发一己声明，以便减轻自己的负罪感罢了。

1961年2月18日的早晨昏暗阴冷，天飘着毛毛细雨，我们的情绪也随之一落千丈。尽管承诺参加示威的人数众多，但如果下雨，到场人数无疑会大减。孰料，当我们在特拉法加广场集合的时候，聚集的人群已经颇具规模。确切的人数难以统计，媒体、警方和百人委员会[7]一致认同的中位数约为两万人。演讲进行得很顺利，也很快就结束了。随后，白厅[8]的游行开始了，队伍的前端由一条大横幅开道，委员会派出的典礼官娴熟地维持着队伍的秩序。队伍由五千多名广场上的群众组成，虽然人潮涌动，但队伍却镇静而肃穆。我们一度遭到警察的阻拦，他们推辞说游行阻塞交通，企图阻止队伍继续前进。然而，这种反对显然站不住脚，游行队伍继续往前走。最后，有超过五千人或坐或躺在国防部周围的人行道上。我们在那里待了大约两个小时，直到暮色降临。这种对于政府核政策的抗议坚定而平和，甚至堪称全然静默。在这两个小时中，许多人加入了我们的行列，从旁观看的人就更多了。不用说，媒体和电视记者蜂拥而至，提出各种问题。得知示威者都已坐下，迈克尔·斯科特[9]、舍恩曼和我便拿起一张准备好的告示，贴在了国防部的门上。我们得知，政府已向消防部门提出对我们使用消防水龙的要求,好在消防部门拒绝了。六点钟一到,我们宣布静坐示威结束,人群中涌起一阵欢腾。我们迎着暮色和街灯返回白厅,途经欢呼的支持者时,我的心中充满了喜悦:我们不仅完成了当天下午的计划,也将我们意义重大的使命公之于世。而人群对我发出的欢呼,以及途经的人群中突然爆发出的《他是一个快乐的好小伙》[10]的歌声,也让我深受触动。

这次示威的结果比我们预料的要乐观得多。在接下来的几个月里,委员会有如天助。英国各地和其他一些国家成立了分会,一些国家则成立了自己的委员会。无论是活动的沟通经费、必要"文献"(即传单和声明等内容)的印刷和传播,还是办公空间的维护,这些都花费不菲。和其他不设固定会员会费的组织一样,这意味着我们要为筹措资金花费大量时间。尽管如此,也出于许多人自愿的慷慨帮助甚至自我奉献,委员会日渐壮大起来。

8月6日的"广岛纪念日",百人委员会安排了两场集会:上午在白厅举行向纪念碑敬献花圈的仪式,下午在大理石拱门进行演讲。上午的会议在庄严肃穆中进行,我们希望活动能提醒人们记起广岛原子弹爆炸的惨状。我们还想趁纪念英国死难者的机会提醒人们,幸存者有责任避免遇难者的牺牲毫无意义,并计划通过下午的演讲巩固这一观点。然而对许多人来说,将广岛和长崎的死难者与二战中对抗日军的战士的牺牲相提并论,无异于一种亵渎。

海德公园的集会气氛活跃。警方禁止我们使用麦克风,说这是公园的规定。这条规定在以前的许多活动中常被忽视，遇到我们的活动却要坚决执行。我们之所以下定决心用麦克风，部分原因在于这是我们的声音传播开来的必要条件，部分原因则是为了揭露这种公园规则执行中怪异的差别对待。毕竟，我们是一个致力于公民不服从的组织。于是，我便开始使用麦克风发言。一名警察私下对我提出警告，但我一意孤行。就这样，麦克风被警察没收。接下来，我们暂停集会，宣布步行至特拉法加广场继续进行。这一切我们都已提前做好规划，实际执行也较为顺利。但我们没有预料到的是，当人群沿着牛津街行进的时候，一场雷雨突然倾盆而下，在广场集会的大部分时间一直下个不停。

一个月后，我和妻子开车在北威尔士兜了一个下午的风，回家时发现家门前停着一辆摩托车，一位面露难色而态度亲和的警官跨坐在车上。他给我和妻子发了传票，要求我们9月12日到堡街受审，罪名为煽动公众进行公民不服从反抗。据说，法院对委员会所有的领导人都发出了传票，但实际上只有部分领导人接到。在被传唤者中，几乎没有人拒绝出庭。

我们到伦敦去听取事务律师们的意见，更重要的是为了与同事们进行磋商。我无意成为这项事业的殉道者，但仍觉得应该充分利用一切机会来宣传我们的观点。我们并非天真无知，还不至于看不出我们的监禁必定引起一定程度的骚动。我们希望，这件事至少能引起一些人的同情，让他们理解我们的努力的初衷，从而在尚未受到触动的人群中取得突破。我和妻子从医生那里拿到了最近生过重病的证明，医生认为，长期监禁可能对病情造成严重的后果。我们把这些证明交给了堡街负责我们案件的出庭律师。我们遇到的人似乎都不认为我们会被判入狱，在他们看来，政府应该觉得这样做对自身没有什么益处。但与此同时，我们自己也找不到什么阻止我们被判入狱的理由。显然，我们的所作所为已经惹恼了政府，警察对委员会办公室进行了频繁搜查，还破绽百出地对经常出入委员会的几位成员进行监视，这种情况已经持续了一段时间。出庭律师认为，他完全有能力让我和我妻子免于监禁，但我们既不希望完全规避，也不希望监禁时间过长。我们让他尽量不要让我们被无罪释放，但也要设法保证监禁时间不超过两个星期。结果，我们两人都被判处了两个月的监禁，但鉴于医生证明，我们的刑期都被减为一个星期。

上午将近十点半的时候，我和妻子、同事们在一大群围观群众中朝着法院走去，当时的堡街俨然一座戏剧舞台。路两旁大多数的窗前都挤满了人，一些窗口摆着一盆盆鲜花，显得五彩缤纷。而法庭的场景则与此大相径庭，有如一幅杜米埃[11]的蚀刻版画。当法官宣布我被判处两个月的徒刑时，人群中响起"奇耻大辱，竟对八十八岁的老人下此狠手！"的呼声。这话让我很恼火，我虽然知道这是出于好意，但我毕竟是故意领罪，而且无论如何，我也看不出年龄和罪行有什么关系。如果非得扯上关系，也只能意味着我罪加一等。在我看来，法官的说法似乎更加贴切，他表示，我毕竟年事已高，更不该知法犯法。但总的来说，法院和警察对我们大家的态度之温和，已经远远超出了我的期望。在诉讼开始之前，一个警察在法院里四处寻找，想拿个垫子给我坐，以减轻坐在窄木凳上的煎熬。但他没能找到，而这也正中下怀，但我还是非常感谢他的体恤。依我之见，有的判决过于严苛，但唯一激起我义愤的，是法官对一位来自德国的犹太难民同事所说的话。在我看来，警方证人在提供证据时丑态百出，而我的同事们的发言不仅表达流畅、不卑不亢，而且掷地有声。所有这些，都在我的意料之中。能有机会把我计划表达的大部分内容都表达出来，这也是我欣慰的一点。

中午之前，我们所有的案子都审理完毕，法院给了我们一个小时吃午饭。我和妻子准备回到切尔西的住处。从法院出来，迎接我们的是欢呼的人群，一位女士竟然冲上来拥抱了我，让我一时间措手不及。但是，从法官上午的评语和他的大体态度来看，等我们下午回来接受判决时，八成不会从轻发落。每个人按姓氏的字母顺序接受判决，然后便被一一带往各自的临时牢房，在那里，我们就像度假的小男孩一样情绪高涨，时而唱歌，时而讲故事，对于未知的忐忑情绪渐渐放松了下来。我们没有别的事情可做，只等着被警用厢型车带走。

这是我第一次乘坐警用厢型车，上次被关进布里克斯顿的监狱，是坐出租车去的。但我实在太疲倦，无福享受这种新奇感。我被送进监狱的病房，一周大部分时间都卧床不起，每天都有医生来访，确保我领到了我能够食用的流食。没人能假装喜欢被监禁的感觉,除非是保护性监禁。这段经历非常煎熬。对于受到特殊、严苛的看管甚至虐待的恐惧,或是对身体不适的担心,这些或许算是最微不足道的。而最糟糕的是整个环境的气氛,那种无时无刻不被监视的感觉,死寂般的阴冷与幽暗,无处不在、确凿无疑的监狱的气味,还有一些囚犯投过来的目光。这样的日子,我和妻子只需忍受一个星期。但我们自始至终都非常清楚:我们的许多朋友一连好几个星期都要经受这种折磨。如果说我们确实有罪的话,我和妻子之所以能得以幸免,只是由于情况特殊,而不是"罪过"较轻。

与此同时,百人委员会散发了一份传单,上面有我从布里克斯顿监狱发出的信息。传单背面的内容发出紧急呼吁,让所有支持者于9月17日(即星期日)下午五点在特拉法加广场集合,游行到国会广场,在那里举行公众集会和静坐。当时,内政大臣已经发布了一项指令,禁止我们在特拉法加广场举行集会。但委员会认为,这条指令没有任何威慑作用。遗憾的是,我和妻子当天仍被关在监狱里,直到第二天才被释放。之所以说遗憾,是因为那想必是一场令人难忘和振奋人心的集会。

星期一一大早,重获自由的我们心情愉快地回到家中。但几乎一落脚,我们就被涌上哈斯克街的报纸杂志、广播和电台记者团团包围。由于一直忙于应付记者,过了一段时间,我们才得知上周堡街开庭后的事态发展。我们通过在监狱里读到的报纸得知,不仅在英国,许多国家都举行了各种会议和静坐,对监禁我们提出抗议。此外，妻子还从霍洛威监狱的一些狱友那里听说，17日的示威大获成功。那里的女性狱友们收听了收音机里的新闻，站在监狱大厅铁丝网上方的阳台上向她竖起大拇指，兴奋地大喊这次静坐大功告成。而这成功的规模之大、意义之深，我们日后才逐渐感知到。

年届九十的利与弊

摘自 1962 年 5 月 13 日《观察家报》　　　伯特兰·罗素

年迈既有好处也有坏处。缺点显而易见，而且也很无趣，在此不再赘述。在我看来，还是优点更有趣味。对于漫长往昔的追溯，让体验显得更有分量和意义。我有幸观察了许多人的生活，从人生的初期一直到人生的终结，其中有些是朋友，有些是公共人物。有些人年轻时前程似锦，却最终无所作为；有些人却能一步一个脚印地不断进步，在漫长的人生中取得累累硕果。毫无疑问，有了经验，我更容易推测出某个年轻人较可能属于这二者中的哪一种。我们不仅要审视个人的生活，还要审视时代洪流造成的影响，因为随着时间的推移，时代洪流也会形成个人经验的一部分，并有助于推测出可能取得的成败。共产主义的起步虽然举步维艰，但其势力和影响至今仍在壮大。相反，纳粹主义由于过早且残酷无情地抢夺统治权，最终下场惨痛。目睹了这些潮起潮落，有助于洞悉逝去的历史和推测可能的未来。

下面来探讨更偏于个人生活的问题：那些精力充沛、热爱冒险的人，在年轻时很自然地出现一种无法压抑的强烈渴望，一心想要取得一些重要的成就，但至于是什么样的成就，却全然没有清晰的预见，如果幸运的话，他们的确可以如愿以偿。人到老年时，便能更加清楚地认识到自己收获了什么和错失了什么。人到老年时，能够继续尝试的事情只占已经完成的事情的一小部分，因此对个人生活也就不那么狂热了。

阅读报刊上关于往昔的文字会给人一种奇怪的感觉，这些文字总会拘泥于某些过去对于过去回忆的套话，比如"顽皮的90年代"[12]和"喧嚣的20年代"[13]。然而，这两个十年在当时看来却一点也不"顽皮"或"喧嚣"。对那些不愿思考却想充聪明的人来说，贴上简单的标签似乎非常省事，但这些标签却与现实相差甚远。世界无时无刻不在变化之中，但变化的方式却并不像这些图省事的套话暗示的那么非黑即白。根据我自己的体验，如果能够对时局不管不问，那么老年也可能是一段非常幸福的时光。私下里，我热爱一切能使生活变得愉快的事物。我曾经认为，等到年老的时候，我会选择遁世离群，过上一种怡情养性的清雅生活，读遍所有我早就应该读的伟大著作。但话说回来，这或许只是一个不切实际的幻梦吧。带着某种自认为重要的目的而工作，这种长期养成的习惯很难打破，即使世界局势比现在更加乐观，我或许也会觉得清雅的生活百无聊赖。无论这种生活的滋味如何，我还是无法对眼前的局势置之不理。

自从1914年以来，人类几乎在每个关键时刻都做出了错误的选择。我们被告知，西方正在致力于捍卫"自由世界"，但1914年之前的所谓自由，如今就如同对于克里诺林裙衬[14]的记忆一样模糊不清。1914年，所谓的智者向我们保证，我们是在以战止战，但结果却因这场战争而终结了和平。我们被告知，只需镇压普鲁士军国主义便大功告成，而从那以后，军国主义的势力却不断壮大。那些在我年轻时几乎会令所有人震惊的杀人歪理，如今却从显赫政治家的口中道貌岸然地说出。我自己的国家被一群缺乏想象力和适应现代世界能力的人所领导，他们所奉行的政策若不改变，几乎会不可避免地将英国所有居民引向彻底的灭亡。像卡珊德拉[15]一样，我注定要成为那个预言灾祸而不被相信的人。她的预言成了现实，但愿我的不会。

有的时候，我们会忍不住想要在愉快的幻想中寻求庇护，想象火星或金星上是否存在着更快乐和健全的生命形式，然而，人类技术的疯狂发展正在让这成为一个虚无缥缈的幻梦。如果人类不自我毁灭，那么不出多久，人类毁灭性的战火便会蔓延到那些星球上。为了那些星球，我们或许应该期许地球上的战争能让人类灭绝，以防这种愚蠢无谓延伸到宇宙之中。然而，这样的期许，无法给我任何慰藉。

在过去的五十年里，世界的发展进程给我造成了一些让我与典型老年人南辕北辙的变化。那些认为自己的智慧毋庸置疑之人常常向我们保证，老年会理所当然地带来平和的心境和更加宽广的视野，使得我们能够将表面上的邪恶视为达到终极之善的途径。但我却无法苟同。在当今的世界，平和只能通过盲目昏聩或穷凶极恶才能实现。有悖于对于老年人的传统期望，我反倒变得越发叛逆起来。我并非天生就是叛逆之人。在1914年以前，我多少仍能适应周遭的世界。那时，伤天害理之恶虽然存在，但我们仍有理由相信这些恶会逐渐消失。我虽不具备叛逆者的秉性，但事态的发展已经让我越发无法对当今的事态袖手旁观。与我有同感的人虽是少数，但规模却在不断壮大，只要我还在世，就必须与他们并肩而战。

我认为,

人类的存续

要重于

意识形态 之争

第十三章
和平基金会

我为何而活：罗素自传
THE AUTOBIOGRAPHY
OF BERTRAND RUSSELL

第十三章 和平基金会

只要各国政府拥有核武器一天，核危险带来的威胁就会持续一天，一旦这种破坏性武器落入私人手中，这种危险持续的时间便可能更长。刚开始的时候，我曾认为唤醒人们意识到这种危险应该不是什么难事。我与大多数人一样，认为自我保护的动机非常强大，一旦调动，便往往能压倒所有其他动机。我以为，与家人、邻居以及所知的所有活人一起焚烧而死的场景，估计谁都不会喜欢。我以为，只需将危险公之于众便会大功告成，这样一来，各界人士就会联合起来，恢复以往的安定。但事实证明，我失算了。有一种动机比自我保护的动机更为强烈，这就是把别人比下去的愿望。我发现，在人事纷争上，有一个往往被人忽视但却非常重要的事实，而我也曾经对这一点视而不见：人们对自己或人类之生存的关注，不比对于消灭仇敌的狂热。在我们生活的世界里，全人类灭亡的危险永远存在。终结这种危险的方法对所有人来说都显而易见，然而，放下仇恨、选择原谅之人却有极小的可能被扣上叛徒的帽子,而这被人视为奇耻大辱,以至于几乎所有人都宁愿冒着核战争的风险,也不愿意捍卫和平。无论是过去还是现在,我都坚信,若是能用栩栩如生的方式将人类灭亡的风险呈现出来,便能达到预期的效果。但是,只靠一个人或者一群人的力量,又如何能营造这种栩栩如生呢?偕同与我志同道合的人,我尝试了各种方法,效果参差不一。我首先尝试的是晓之以理,将核武器的危险与黑死病的危险相比。人人都会附和"讲得真有道理",但却没人付出行动。我尝试过提醒特定的群体,虽然取得了有限的成功,但对一般公众或政府的影响却不大。接下来,我尝试了大规模游行这种诉诸大众的方法,却引得大家抱怨"这些游行者可真讨厌"。此后,我又尝试了公民不服从的措施,却也没有达到目的。所有这些方法都在继续为人们所用,而我也尽可能地予以支持,但事实证明,所有方法都只能起到片面的作用。现在,我正在进行一项新的尝试,包括向各国政府和公众同时发出呼吁。只要我一息尚存,便不会停止探索的脚步,然而,我多半要把这项工作留给别人去做了。而人类是否认为自己的生命值得存续,答案仍不明晰。

我们明白,我们的主要目标是建立一家真正国际化的机构;另外,对于达到目标所必须努力实践的长期措施,以及已经坚持了一段时间的工作的大致框架,我们也心中有数。我们也认识到,想要达到这些目的,便需要大量的资金作为支撑。我虽然很不情愿,但同事们强烈要求基金会以我的名字命名。

我知道，这会让很多支持我们工作的人对基金会产生偏见。久负盛名、广受尊重的机构自不必说，英国许多个人也会对我们抱有成见，其中不乏那些有能力资助我们的个体。但我的同事们争辩说，这项事业我已坚持多年，而他们只是最近几年才加入进来的，且在世界的许多地方，我的名字已经与这项事业联系在了一起，略去我的名字只会对事业造成不利。我为他们的坚持而感动，但对这种做法的明智与否仍然存疑。即便如此，我最终还是选择了恭敬不如从命。然而，当我和朋友们决定将机构定位为慈善机构时才意识到，在英国，任何一个以我的名字命名的机构都不可能定性为慈善机构。

最后，我们的事务律师建议我们采取折中的方法，成立两家基金会：伯特兰·罗素和平基金会以及大西洋和平基金会，其中，后者定性为慈善机构。我们计划让这两家基金会进行协作，事实也是如此，但是，后者的目的纯粹属于教育领域，即探索与战争与和平相关的研究领域，并为研究和研究结果的发表创造机会。由于慈善委员会[1]将本基金会注册为慈善机构，根据七年契约提供的任何捐款，都可以按标准税率进行退税，这也意味着这些捐款的数额增加了大约六十个百分点。

伯特兰·罗素和平基金会则负责处理与政治关联更紧密和更具争议性的事项，对基金会的大小捐款都通过普通赠了的形式注入。在基金会成立的头三年，便已收到了成千上万英镑的捐赠，有些来自个人，有些来自组织，有些来自政府。带有附加条件的捐款一律不予接受，对于政府捐款尤为如此。我们会向捐助者表明，资金的来源不会对资金的支出方式或结果产生任何形式的影响。

1966年夏天，在充分研究和计划之后，我给世界各地的许多民众去信，邀请他们加入国际战争罪法庭[2]。大家的回应让我非常振奋，没过多久，我就收到了大约十八封同意加入的来信。尤其让我兴奋的，是让-保罗·萨特[3]的加入，尽管我们在哲学问题上存在分歧，但我对他的勇气钦佩有加。1966年11月，我邀请所有成员到伦敦进行初步磋商，并在会议开始时发表了一篇讲话。在我看来，对于在越南发生的暴行进行一丝不苟的调查非常必要，而我所邀请的，全是些诚信毋庸置疑的人士。这次会议非常成功，我们计划以国际战争罪法庭的名义向中南半岛派出一支国际调查组织，并在翌年的数周举行一系列公开听证会。

当国际战争罪法庭最初提议派遣部分成员对暴行进行调查时，提议引来了嘲笑，理由是美方并未做出任何暴行。这一争端出现时，坊间的声音是美国军事当局会处理此事，且那些接手这份工作的法律精英权威会让自己沦为笑柄，竟然还有人提出不对这些暴行进行惩罚的提议。新闻界、军事当局以及许多英美法律界人士认为，与其采用纽伦堡审判中使用的标准进行惩处，任凭他们的军官活活烧死妇孺更有利于其荣誉和人道。这种理念，就源于接受了希特勒的遗产。

当对手看到我们对准备工作的一丝不苟时，便会发出强烈的抗议——这么多年以来，我已经对这种抗议习以为常。曾经对基金会提供资助的三位非洲国家元首退出,想要发现这种变节的幕后黑手并不难。其中一人甚至寄给我一封信的影印件,那是我寄给白宫约翰逊总统[4]的信,内容是关于国际战争罪法庭的。这种拙劣的手法,就连中央情报局看来都会连连摇头。接下来的行动,是各路记者对我们法庭的公正性提出质疑。让我感到好笑的是,就在不久之前,这些批评人士中的不少人,还是肯尼迪总统遇刺事件中沃伦委员会[5]最坚定的支持者。[6]然而,他们对法庭公正性重新燃起的兴趣,也的确给我们提供了一个阐明立场的机会。

所有这些关于国际战争罪法庭的骚动,也再次燃起了人们对基金会本身的兴趣。大西洋和平基金会仍是一家注册的慈善机构,伯特兰·罗素和平基金会成为一家责任担保有限公司,并在阿根廷、澳大利亚、新西兰、法国、印度、意大利、日本、菲律宾和美国等多个国家设立分支机构。我似乎第一次体会到,以国际战争罪法庭为中心的活动得到了来自全球的广泛支持。

我衷心地希望,世界各国能够认识到永远笼罩在核武器阴影下的愚蠢和危险。如果能将想要竞争世界霸权的国家隔离开来,中立国兴许可以在国际事务中引入理性的声音。但这样的希望非常渺茫,因为中立国的力量远没有我所希望的那么强大。

我认为,人类的存续要重于意识形态之争,而中立国也持续体现出我的这一观念。美国在军事、经济和冷战政策上的统一，通过越战的卑鄙和残忍日益显露。对于西方人来说，这是最难以承认的事实，那些在过去十年中逐渐接受我的观念的人，在这一问题上却再次让我感受到了沉默或反对。然而，在第三世界国家，我们却得到了巨大的支持。看来，并非没有人敢于对残酷提出挑战。

下文中雪莱的诗句，最为贴切地表达了我对未来的展望：

哦，停止吧！难道仇恨和死亡必定回归？
停止吧！难道人类必须杀戮和死亡？
停止吧！莫将苦难预言的酒瓮饮尽。
世界已因往昔筋疲力尽，
哦，难道只能消亡，永远长眠！

——摘自《希腊》最后一节

后记

从少年时代起，我一直将生活中的重心投入在两个不同的目标上，这两个目标在很长一段时间内一直彼此分隔，直到最近几年才合二为一。从一方面来说，我想探索可知的事物是否存在；另一方面，我希望尽一切可能创造一个更加幸福的世界。一直到三十八岁之前，我都将大部分精力用在第一个目标上。我被怀疑主义所困，被迫得出结论，绝大多数可以被认为知识的东西都能受到合理的质疑。我希望得到人们在宗教信仰中寻求的那种笃定，也认为相比于其他领域，确定性在数学中更容易找到。但我却发现，许多老师希望我接受的数学证明都充满了谬误，如果的确能在数学中发现确定性，这也是一种新式的数学，其根基要比迄今为止被人视为牢靠的数学更加坚实。但随着研究的深入，我却不断想起那则关于大象和乌龟的寓言。我先是造了一头大象，把数学世界安置在上面，却发现大象摇摇欲坠。于是，又造了一只乌龟，以防大象倾倒。然而，乌龟并不比大象稳固，经过大约二十载的埋头苦干，我得出结论,在构建不容置疑的数学知识方面,我所能做的已经达到极限。随着第一次世界大战的爆发,我的思想便集中在了人类的苦难和愚蠢上。在我看来,苦难和愚蠢绝非人类不可避免的命运。而且我坚信,只要人类不自取灭亡,假以时日,智慧、耐心和雄辩便能引导人类走出咎由自取的劫难。

基于这种信念,我一直保持着一定程度的乐观,而随着年龄的增长,这种乐观变得越发清醒,而幸福也显得越发遥远。但是,我仍然完全无法苟同于那些接受宿命论观点的人,认定"人生在世必遇患难"[1]。无论对于过去还是现在,想要找到造成人类不幸福的原因并不困难。贫穷、瘟疫和饥荒,这些是由于人类无法掌控自然造成的;战争、压迫和折磨,这些是由于人们对同胞的敌对造成的;消极的信条助长了病态的忧郁,使人们陷入内心的躁郁,使一切外在的繁盛都意义全无。所有这一切问题,都是不必要的,而克服这些问题的方法,全都是已知的。在现代社会,如果某个群体不幸福,往往是因为他们的无知、习惯、信仰和激情使然,对他们来说,这些东西比幸福甚至生命更可贵。我发现,在我们所处的这个动荡的时代,许多人似乎迷恋上了痛苦和死亡,当有人建议拥抱希望时,他们反而会愤愤不平。他们认为,希望有违于理性,而在心如死灰中消极以待,却反倒是直面现实。我无法苟同这些人的看法。为了维护世界的希望,我们便要调动起智慧和活力。那些绝望之人所匮乏的,往往就是这种活力。

我的后半生是在人类历史上一个最为痛苦的时代中度过的,

在这段时间，全球局势江河日下，过去所取得的看似决定性的胜利，到头来却是转瞬即逝。在我年轻的时候，维多利亚时代的乐观主义被视为一种理所当然。[2] 人们认为，自由和繁荣将循序渐进地传遍整个世界，而残酷、暴政和不公则会逐渐式微。几乎没有人担心大战的爆发，也几乎无人把19世纪视为过去与未来的野蛮征战之间的短暂插曲。对于在那样的环境中长大的人来说，适应当前的世界并不容易，从情感和理智而言都是如此。曾经被视为合宜的想法，却与现实格格不入。在某些领域，宝贵的自由成了难以维系的东西。而在其他领域，曾被重视的自由却成了引发灾难的罪魁祸首，尤其是对于国与国之间的关系而言。如果世界要摆脱当前的危险状态，新的思想、新的希望、新的自由以及对自由新加的限制，都是不可或缺的。

我不能吹嘘我在社会和政治问题方面所做的工作有什么重大意义。相比之下，还是教条而具体的福音更容易产生巨大的反响。但从个人而言，我无法相信人类需要的是任何教条或具体的东西，也不能笃信任何只涉及人类生活某些部分或领域的片面学说。有些人认为一切都取决于制度，好的制度必然会带来太平盛世。而另一方面，有些人则认为我们需要的是心态的改变，相比之下，制度显得微不足道。对于这两种观点，我都不能苟同。制度塑造心态，而心态则会改变制度，二者的改革必须齐头并进。如果个人想要保持应有的主动性和灵活性，就不应被强行塞入同一个僵化的模子；换一种比喻，也就是不应训练成同样一支军队。多样性虽然使人们无法接受单一一种福音，但却是不可或缺的元素。然而，推广这样的教义非常困难，尤其是在时局紧张的时期。也许只有当人们从悲惨的经历中吸取一些痛苦的教训后，这条教义才能发挥作用。

我的工作已经接近尾声，是加以整体审视的时候了。我成功了几何，又失败了几何？从小，我就认为自己理应致力于伟大而艰巨的事业。将近四分之三个世纪以前，在3月清冷而耀眼的阳光下，我曾独自走在蒂尔加滕公园消融的雪地上，下定决心创作两个系列的著作：一种是抽象的，由抽象过渡到具体；一种是具体的，由具体转化为抽象。二者最终合二为一，将纯粹的理论与实用的社会哲学结合起来。我仍未厘清最后的结合将如何实现，但两个系列的著作都已写成。这些著作得到了荣誉与赞扬，也影响了许多人的思想。从这一方面而言，我是成功的。

但是与此相对，我必须谈一谈我的两大失败，其中一种是外界的，一种是内在的。

先从外在的失败说起：如今的蒂尔加滕已经成了一片荒漠，我在那年3月早晨进入公园的勃兰登堡门，已经成为两个敌对帝国的边界[3]，二者隔着一道屏障彼此怒视，残酷无情地计划人类的毁灭。法西斯主义者和纳粹成功地挑战了我曾经视为美好的一切，而在击败他们的过程中，他们的对手试图保护的许多美好也已磨蚀。当前，自由被视为软弱，宽容被迫披上了背叛的外衣。旧时的理想成了落伍之见，而粗鄙的教义却受人追捧。

我内心的失败对于世界来说不足挂齿，却使我的精神世界永远处于鏖战之中。我曾带着一种或多或少类似于宗教信仰的理念启程，我相信存在一个柏拉图式的永恒世界，数学在其中绽放大美，就如《天堂篇》[4]最后几篇所记载的一样。但我最终得出结论，永恒的世界微不足道，而数学只是一门用不同语言表达同一道理的艺术。启程时，我曾相信爱、自由和勇敢不必战斗即可征服世界，但我却成了一场残酷而可怕的战争的支持者。从这些方面来说，我是失败的。

然而在失败的重压之下，我仍然能意识到一些我所视为成功的东西。我对于理论真理的认识或许存在漏洞，但相信存在一种值得我们效忠的真理，这种想法本身并没有错。我眼中通往人类自由幸福世界的道路或许比现实中的更短，但我认为这样一个世界是可能的，且带着让我们与之更加接近的世界观投入生活是值得的，这种想法并没有错。我毕生都在追求一种愿景，既关乎个人，也涉及社会。从个人来说：我们要崇尚高贵，崇尚美好，崇尚善良；在平凡的俗世中，通过顿悟的时刻触及智慧。从社会来说：我们要构想出想要创造的社会，在那里，个人能够自由成长；在那里，仇恨、贪婪、嫉妒因得不到滋养而枯萎消亡。对于这些理念，我笃信至今，纵使世界充满险恶，我仍然毫不动摇。

尾注

序言 | 我为何而活

1 毕达哥拉斯（Pythagoras，前570—前495），古希腊哲学家、数学家、天文学家、音乐理论家，认为数学可以解释世间万物。——译者注。若无特别标注，本书注释均为译者注。

第一章 | 童年，少年

1 彭布罗克庄园是一幢格鲁吉亚风格的两层别墅，位于伦敦里士满区的里士满公园，濒临泰晤士河畔，带有4.5公顷的景观园林，始建于18世纪中期，现归私人所有，于2005年修复，向公众开放。
2 约翰·斯图亚特·穆勒（John Stuart Mill，1806—1873），英国哲学家、政治经济学家、政治家，代表作《论自由》。
3 玛丽王后（Queen Mary of the United Kingdom，1867—1953）于1910年到1936年任联合王国及自治领王后及印度皇后。
4 西德尼·韦伯（Sidney Webb，1859—1947），夫人比阿特丽斯·韦伯（Beatrice Potter Webb，1858—1943），均为英国社会主义者、经济学家和社会改革家。
5 伦纳德·考特尼（Leonard Courtney，1832—1918），激进派英国政治家和学者，夫人凯瑟琳·考特尼（Catherine Courtney，1847—1929），英国社会工作者和国际主义者，是比阿特丽斯的姐姐。
6 亨利·克朗普顿（Henry Crompton，1836—1904），英国法庭书记员兼律师，倡导实证主义。
7 《宗教信仰分析》（*An Analysis of Religious Belief*），1876年出版。
8 院长院子是位于伦敦威斯敏斯特的一片绿地，包括未被其他建筑占用的修道院和大教堂等。
9 指"萨科-万泽蒂事件"，20世纪20年代美国镇压工人运动中的冤案。

10 弗兰克·罗素自传《我的生活与冒险》(*My Life and Adventures*)，1923年出版。

11 克莱登庄园，19世纪维多利亚时代的乡村别墅，罗素于1872年5月18日降生在这座别墅的大厅里。

12 道格拉斯·斯伯丁（Douglas Spalding，1841—1877），英国生物学家，研究动物行为。

13 威廉·詹姆斯（William James，1842—1910），美国哲学家、心理学教育家，被誉为"美国心理学之父"。《心理学原理》为其代表作。

14 托马斯·詹姆斯·科布登－桑德森（Thomas James Cobden-Sanderson，1840—1922），英国艺术家和装订商。

15 指19世纪英国维多利亚时代中产阶级道德观，对于"通奸"存在双重标准。认为女人对丈夫不忠是堕落的表现，但男人却可以拥有多个性伴侣。

16 霍勒斯·戴维（Horace Davey，1833—1907），英国法官、政治家。

17 珀西·比希·雪莱（Percy Bysshe Shelley，1792—1822），英国浪漫主义诗人。1817年，雪莱失去了对自己孩子的监护权，因为他坚持把孩子教育成批判政府的改革家和无神论者。

18 乔治三世，指乔治·威廉·弗雷德里克（George William Frederick，1738—1820），大不列颠和爱尔兰国王，1760年—1820年在位。

19 伊丽莎白·赫伯特（Elizabeth Herbert，1737—1831），彭布罗克伯爵夫人。

20 乔治三世自与伊丽莎白相识起就被她吸引，并在同年第一次爆发精神错乱。

21 "埃普索姆丘陵"英文为"EpsomDowns"，与"UpsandDowns"（上上下下）谐音。

22 厄尔巴岛为意大利托斯卡纳大区西边的岛屿，曾属于法国领地。法国皇帝拿破仑一世曾被流放至此。

23 即反驳爱尔兰大主教詹姆斯·厄谢尔（James Ussher，1581—1656）推断出的上帝于公元前4004年开创宇宙的结论"年轻地球创造论"，该理论囿于《圣经·创世纪》的字面意义，认为上帝创世发生于公元前4004年。

24 托马斯·卡莱尔（Thomas Carlyle，1795—1881），苏格兰讽刺作家、历史学家，曾任爱丁堡大学校长。

25 赫伯特·斯宾塞（Herbert Spencer，1820—1903），英国哲学家、社会达尔文主义之父。

26 威廉·尤尔特·格莱斯顿（William Ewart Gladstone，1809—1898），英国自由党政治家，曾任英国首相和财政大臣。

27 《汉萨德英国议会议事录》(House of Commons Hansard)是英国和英联邦国家议会辩论的官方报告，以长期担任编辑的印刷商和出版商汉萨德家族命名。

28 一位论派，也叫一神论派，为基督教派的一个分支，否认"三位一体"，强调上帝只有一位，圣父才是唯一真神。

29 塞缪尔·罗杰斯（Samuel Rogers，1763—1855），英国诗人、银行家、艺术品收藏家。

30 玛丽·贝里（Mary Berry，1763—1852）和阿格尼斯·贝里（Agnes Berry，1764—1852），姐姐玛丽为英国纪实作家。

31 霍勒斯·沃波尔（Horace Walpole，1717—1797），英国作家、艺术史学家、辉格党政治家。

32 乔治·戈登·拜伦（George Gordon Byron，1788—1824），英国浪漫主义诗人、革命家。拜伦出生时右脚有畸形，虽风流倜傥，但也曾因残疾而遭到苦恋对象的拒绝。拜伦、济慈、雪莱并列为浪漫主义第二代诗人。

33 亨利·约翰·坦普尔（Henry John Temple，1784—1865），第三代帕麦斯顿子爵，英国政治家，两度担任首相。迎娶多年情妇为妻，被传有私生子。

34 摘自《出埃及记》23:2，整句为："不可随众行恶；不可在争讼的事上随众偏行，作见证屈枉正直。"

35 夏尔·莫里斯·德·塔列朗-佩里戈尔（Charles-Maurice de Talleyrand-Périgord，1754—1838），塔列朗亲王，法国牧师、政治家和外交家，担任法国外交部长多年。

36 欧几里得（Euclid），古希腊著名数学家，被誉为"几何学之父"，代表作《几何原本》。

37 第五公设即平行公设，《几何原本》中的第五条，公认比前四条复杂。

38 贝利奥尔学院是牛津大学的一所附属学院，建立于1263年。

39 本杰明·乔伊特（Benjamin Jowett，1817—1893），英国作家、古典学者，于19世纪中期出任牛津大学贝利奥尔学院院长，并将学院发展成牛津最负盛名的学院之一。

40 加内特·沃尔斯利（Garnet Wolseley，1833—1913），第一代沃尔斯利子爵，英国最具影响力的将军之一。

41 "潜伏期"为弗洛伊德性心理发展模型中的一个阶段,大约在三岁到七岁之间开始,延续到八岁到十五岁之间的青春期。

42 《悼念》(*In Memoriam*)为英国桂冠诗人阿尔弗雷德·丁尼生(Alfred Tennyson,1809—1892)的作品,是为纪念剑桥好友哈勒姆所作的挽歌。

43 勒内·笛卡尔(René Descartes,1596—1650),法国哲学家、数学家、科学家,提出"身心二元论",认为人类拥有自由意志。

44 "感觉材料理论"是感知哲学中的一种观点,被罗素等哲学家持有,所谓"感觉材料"是指依赖于心灵的客体,是感觉活动作用于客观物质对象的一个结果。

45 在哲学中,"第一因"是指自我创造的存在(即上帝),也是所有因果链最终追溯的源头,这一概念为希腊思想家使用,并为犹太教和基督教的一个基本假设。

46 尼可罗·马基雅维利(Niccolò Machiavelli,1469—1527),意大利政治学家、哲学家、外交官,被称为"近代政治学之父"。

47 奥古斯特·孔德(Auguste Comte,1798—1857),法国哲学家,社会学、实证主义创始人。

48 爱德华·吉本(Edward Gibbon,1737—1794),英国历史学家、政治家。

49 亨利·哈特·米尔曼(Henry Hart Milman,1791—1868),英国历史学家、神职人员。

50 《格列佛游记》(*Gulliver's Travels*)是爱尔兰作家乔纳森·斯威夫特以笔名创作的小说,于1726年首次出版,书中的"犽猢"暗指人类,讽刺和揭露人类的劣根性。

51 三一学院是剑桥大学规模最大且名声最响的学院之一,创立于1546年。

第二章 | 剑桥岁月

1 "后园"是英国剑桥市皇后大道以东的一个区域,风景如画,包括位于剑河两岸的几个剑桥学院。

2 查尔斯·菲利普·特里维廉(Charles Philips Trevelyan,1870—1958),英国政治家、地主;罗伯特·卡尔维尔·特里维廉(Robert Calverly Trevelyan,1872—1951),英国诗人、翻译家。

3. 查尔斯·珀西·桑格（Charles Percy Sanger，1871—1930），英国大律师、作家。
4. 罗伯特·拉姆齐·韦伯（Robert Rumsey Webb，1850—1936），剑桥"三脚凳"数学考试导师。
5. 约翰·威廉·德雷珀（John William Draper，1811—1882），出生于英国的美国科学家、哲学家、化学家。
6. 萧伯纳（George Bernard Shaw，1856—1950），英国/爱尔兰剧作家。
7. 弗雷德里克·莫里斯（Frederick Maurice，1805—1872），英国圣公会神学家。
8. 在英美学院和大学中，"研究员"通常指获得一年或以上的研究生津贴的学生。
9. 《虎》（*The Tyger*），出自诗集《天真与经验之歌》。作者为威廉·布莱克（William Blake，1757—1827），英国浪漫主义诗人、画家。
10. 罗素于1893年取得数学学士。
11. 剑桥使徒社是剑桥大学的一个秘密精英社团，成立于1820年。
12. 阿奇博尔德·希尔（Archibald Hill，1886—1977），英国生理学家、生物物理学家，诺贝尔生理学或医学奖得主。

第三章 | 坠入爱河

1. 罗伯特·皮尔索尔·史密斯（Robert Pearsall Smith，1827—1898），美国圣洁运动领袖、商人，在丑闻后于1888年搬到北萨塞克斯郡居住；汉娜·惠特尔·史密斯（Hannah Whitall Smith，1832—1911），美国圣洁运动演说家、作家，妇女选举权运动和禁酒运动倡导者。
2. 玛丽·惠特尔·科斯特洛（Mary Whitall Costelloe，1864—1945），原姓史密斯，英国艺术史学家。
3. 布林莫尔学院是一所位于美国宾夕法尼亚州的私立文理学院。
4. 洛根·皮尔索尔·史密斯（Logan Pearsall Smith，1865—1946），美国出生的英国散文家和评论家，毕业于哈佛大学和牛津大学。
5. 工会主义，又称工联主义，是一种资产阶级改良主义思潮，工会为成员力争共同利益，在薪酬公平、工作福利等问题上帮助工人。

6　沃尔特·惠特曼（Walt Whitman，1819—1892），美国诗人、散文家、人文主义者，代表作有《草叶集》等。

7　罗兰德·沃恩·威廉姆斯（Roland Vaughan Williams，1838—1916），英国律师、大法官。

8　英国作家简·奥斯汀的小说《傲慢与偏见》中的主人公。

9　当时英国的法定成年年龄为二十一岁。

10　一种起源于英国剑桥大学的荣誉学位学术考试制度，也叫"三脚凳"考试，因考生在口试时坐的三脚凳得名。

11　指伊莎贝拉·卡罗琳·萨默塞特，英国慈善家、禁酒领袖、女权活动家。

12　在 1894 年 9 月 2 日给爱丽丝的一封信中，罗素写道："昨天，我的姑妈乔治娜（也就是乔治娜·皮尔夫人，我奶奶的继女）非常热心，但打听了太多私事（大多数女人都是如此）；她说即使在过去，只要一想到结婚这件事，我的奶奶就像是发狂一样大惊小怪、忧心忡忡。"——原注

13　《灵魂的分身》（*epipsychidion*），也译为《心之灵》，珀西·雪莱于 1821 年发表的抒情长诗。

14　"蒙席"是天主教会给对教会做出杰出贡献的特定职务神职人员的荣誉称号，该称号获得者具有近似主教的地位，但并无特定职权。

15　罗杰·弗莱（Roger Fry，1866—1934），英国画家、艺术评论家。

16　詹姆斯·沃德（James Ward，1843—1925），英国心理学家、哲学家、剑桥使徒社成员，罗素在剑桥的老师。

17　《群鬼》（*Ghosts*），挪威剧作家、现代现实主义戏剧创始人亨利克·易卜生于 1881 年创作的剧本，讲述了一个淫乱家庭的悲惨命运。

18　《库尔茨的家产》（*The Heritage of the Kurts*），挪威作家、诺贝尔文学奖获得者比昂斯滕·比昂松于 1884 年出版的长篇心理小说，探讨了遗传和伦理等话题。

19　1895 年，罗素访问德国，在柏林大学进修。

20　费迪南德·格雷戈罗维乌斯（Ferdinand Gregorovius，1821—1891），德国历史学家。

21　1915 年，英国国王在军需部长劝说下宣布戒酒，国王以身作则，民众也争先效仿，以保持英国人优秀的道德形象。

22　格奥尔格·康托尔（Georg Cantor，1845—1918），出生于俄国的德国数学家，现代集合论创始人。

23 埃利斯·麦克塔格特（J.M.E.McTaggart，1866—1925），英国唯心主义形而上学家，剑桥大学三一学院哲学讲师和研究员，倡导黑格尔哲学。
24 一说怀特海小儿子埃里克战死时为十九岁。
25 亨利·柏格森（Henri Bergson，1859—1941），法国哲学家，诺贝尔文学奖获得者。
26 奥斯卡·王尔德（Oscar Wilde，1854—1900），爱尔兰诗人、剧作家，在19世纪90年代初成为伦敦最受欢迎的剧作家。1895年因同性恋行为被判入狱服苦役两年。
27 历史上的布尔战争有两次，交战双方为英国和居住于南非境内的荷兰、法国与德国白人移民后裔组成的布尔人。此处指第二次布尔战争，发生于1899年至1902年之间。
28 自由帝国主义者支持发动第二次布尔战争，希望大英帝国在更加仁慈的基础上统治世界。
29 戈特弗里德·莱布尼茨（Gottfried Leibniz，1646—1716），德国数学家、哲学家，微积分的发明者。
30 指罗素于1900年出版的《对莱布尼茨哲学的批评性解释》(*A Critical Exposition of the Philosophy of Leibniz*)。

第四章 | 智识的收获

1 朱塞佩·皮亚诺（Giuseppe Peano，1858—1932），意大利数学家、逻辑学家、语言学家。
2 皮亚诺是数学逻辑和集合理论的先驱，是符号逻辑的奠基人，他发明的一些表意语言符号一直沿用至今。
3 按照公历，19世纪开始于1801年1月1日，于1900年12月31日结束。
4 海伦·托马斯·弗莱克斯纳（Helen Thomas Flexner，1871—1956），布林莫尔大学英语教授、作家。
5 弗雷德里克·威廉·梅特兰（Frederic William Maitland，1850—1906），英国历史学家、法学家，被誉为"现代英国法律史之父"，剑桥大学唐宁学院法律教授。
6 纽纳姆学院是剑桥大学的一所附属女子学院，建于1871年。

7 《希波吕托斯》(The Hippolytus)，古希腊悲剧大师欧里庇得斯创作的一部悲剧，改编自关于希波吕托斯的古希腊神话。
8 伍斯特郡位于英格兰西米德兰区域，位置在英格兰中部偏西；百老汇是伍斯特郡东南端的村庄。
9 莫里斯·梅特林克（Maurice Maeterlinck，1862—1949），比利时诗人、剧作家、散文家，诺贝尔文学奖获得者，作品主要讨论生死的意义。
10 "摹状词理论"是罗素对语言哲学和数理逻辑重要的贡献，通过改写日常生活中的摹状词得出数理逻辑，避免日常语言中的一些逻辑悖论。
11 "分支类型论"是罗素为避免数理逻辑悖论而提出的理论。
12 《失乐园》(Paradise Lost)是英国诗人约翰·弥尔顿创作的史诗，1667年出版。当时，失明、失业、贫困交加的弥尔顿向家人口述了《失乐园》，并以十英镑的价格卖掉了版权。
13 指1907年举行的温布尔登补选，当时时任保守党议员辞职，由此举行了补选。罗素为支持妇女选举权而代表自由党参选，保守党候选人以显著优势胜出。
14 亨利·西季威克（Henry Sidgwick，1838—1900），英国功利主义哲学家、伦理学家、经济学家。《伦理学方法》(The Methods of Ethics)是其代表作，从许多方面标志着古典功利主义传统的顶峰。
15 阿基米德（Archimedes，前287—前212），古希腊哲学家、数学家、物理学家，静态力学和流体静力学的奠基人。

第五章 | 风暴来临

1 1909年—1910年的《人民预算法案》是自由党政府提出的一项提案，对英国富人的土地和收入征收前所未有的税收，以资助新的社会福利计划。该法案成为自由党和保守派上议院之间的一个重大争端，导致1910年的两次大选，以及1911年颁布的《议会法案》。
2 内维尔庭院是英国剑桥三一学院的一个庭院，东侧主要是学院礼堂，北侧和南侧是学院宿舍，供研究员和一些学生居住。
3 菲利普·爱德华·莫雷尔（Philip Edward Morrell，1870—1943），英国自由党政治家。

4 奥托琳·维奥莱特·安妮·莫雷尔(Ottoline Violet Anne Morrell, 1873—1938),原名奥托琳·卡文迪什-本廷克(Ottoline Violet Anne Cavendish-Bentinck),英国贵族和社交名媛。

5 查尔斯·卡文迪什-本廷克(Charles Cavendish-Bentinck, 1857—1943),第六代波特兰公爵,英国地主、保守党政治家。

6 卡琳·斯蒂芬(Karin Stephen, 1889—1953),原名卡琳·科斯特洛(Karin Costelloe),英国精神分析学家、心理学家。

7 约翰·洛克(John Locke, 1632—1704),英国哲学家,被称为自由主义之父。

8 爱丽丝于1951年1月21日逝世。——原注

9 玛丽亚温泉市,捷克西部一座以温泉闻名的市镇。

10 指罗素在结束1920年到1921年的中国游学回国后发表的专论《中国问题》(*The Problem of China*),于1922年在英国和美国同时出版,向西方学者介绍中国的民族、文化、政治、经济问题。

11 指曾纪泽(1839—1890),清代著名外交家,曾国藩次子,于1878年任清政府驻英、法公使。

12 《异教徒中国佬》(*The Eathen Chinese*),原名《诚实詹姆斯的大实话》(*Plain Language from Truthful James*),是美国短篇小说作家和诗人布勒特·哈特的叙事诗,发表于1870年,本意为讽刺北加州的反华情绪,却引起后人将"异教徒"的称号与中国人并用,在19世纪70年代美国排华风潮中被广泛曲解引用。

13 "洛厄尔研究所"是一所位于马萨诸塞州波士顿的美国教育基金会,提供免费的公开讲座,第一场讲座于1839年进行。

14 "甲壳虫与楔子船屋"是一家位于泰晤士河码头的餐厅,历史可追溯到1860年以前,营业至今。

15 乔治·桑塔亚那(George Santayana, 1863—1952),西班牙裔美国哲学家、散文家、诗人、小说家,于1912年辞去哈佛大学职务。

16 乔赛亚·罗伊斯(Josiah Royce, 1855—1916),美国哲学家,美国客观唯心主义的开创者。

17 1896年11月,罗素第一次访问哈佛大学,进行了一系列关于几何方面的讲座。

18 《阿普林纳克斯先生》(*Mr.Apollinax*),收录于艾略特1917年的第一部诗

集《普鲁弗洛克及其他观感》中。
19 《贵妇画像》(Portrait of a Lady) 和《普鲁弗洛克的情歌》(The Love Song of J. Alfred Prufrock)，同收录于《普鲁弗洛克及其他观感》中。
20 赫拉克利特（Heraclitus，约前544—前483），古希腊哲学家，生性忧郁，被誉为"哭泣的哲人"。
21 弗朗索瓦·维永（François Villon，约1431—1463），法国抒情诗人，生前默默无闻，一生多次因犯罪而遭监禁获死刑，后减为流放，再后下落不明，被后世称为"被诅咒的诗人"。
22 指1914年到1915年的塞尔维亚战役，这是第一次世界大战中最早开始的战役，奥匈帝国于1914年7月28日向塞尔维亚王国宣战。

第六章 | 战火

1 《被玷污的圣殿》(the Defiled Sanctuary)，此诗创作于英国工业革命的背景下，诗人对金钱财富和宗教信仰之间的关系进行了质疑和思考。
2 关于浮士德的民间传说广为流传，其中的浮士德根据历史人物约翰·格奥尔格·浮士德（Johann Georg Faust，约1480—1540）塑造。他是德国文艺复兴时期的巡回炼金术士、占星家和魔术师，事业有成，但并不幸福，于是与魔鬼梅菲斯特交易，可在二十四年内驱使魔鬼，但死后灵魂则要在地狱永受奴役。
3 他的妹夫是A.V.希尔，杰出的医学科学家，就住在我隔壁的楼梯间。——原注
4 爱德华·格雷（Edward Grey，1862—1933），英国自由党政治家，于1905到1916年担任外交大臣，对于第一次世界大战时期英国外交政策起到重要作用。这段发表于一战爆发前夕的演讲广为人知，其中最著名的一句话是："欧洲的灯火在逐渐熄灭，我们此生再也无法看到这灯火重新点燃。"
5 特拉法加广场是一座位于威斯敏斯特区域的广场，建于1844年，是当地的交通枢纽，也是英国人民庆祝除夕夜等盛大节日和举行政治示威的场地。
6 格雷对法国给予了强有力的支持，1906年的第一次摩洛哥危机期间，他授权进行军事对话，宣布德国一旦进攻，英国将援助法国。

7 赫伯特·亨利·阿斯奎斯（Herbert Henry Asquith，1852—1928），英国政治家、自由党领袖，1908 至 1916 年任英国首相。
8 我把这个想法告诉了 T.S.艾略特，他写入了《荒原》一诗中。——原注
9 然而，有人说我们两人互相影响，这却是子虚乌有。——原注
10 复活节起义，又称复活节叛乱，是由爱尔兰共和党人于 1916 年 4 月复活节期间发起的一场武装起义，反对英国在爱尔兰的统治，英军最终成功镇压起义，起义领袖被处死刑。
11 大卫·劳合·乔治（David Lloyd George，1863—1945），英国自由党政治家，1916 至 1922 年担任英国首相，1926 至 1931 年间担任自由党党魁。
12 雷金纳德·克利福德·艾伦（Reginald Clifford Allen，1889—1939），英国政治家，独立工党领导成员，和平主义者，反征兵团结会创始人之一。
13 凯瑟琳·博伊斯·马歇尔（Katherine Boyce Marshall，1882—1978），美国演员、作家、政治家。
14 康斯坦斯·马勒森（Constance Malleson，1895—1975），英国作家、舞台剧演员，艺名科莱特·奥尼尔（Colette O'Niel）。
15 威廉·迈尔斯·马勒森（William Miles Malleson，1888—1969）英国演员、剧作家。
16 "齐柏林飞艇"是德国飞艇设计家斐迪南·冯·齐柏林（Ferdinand von Zeppelin）在 20 世纪初设计改良的硬式飞艇，在第一次世界大战期间，德国军队广泛使用齐柏林飞艇作为轰炸机和侦察机，导致五百多人在对英国的多次轰炸中丧生。
17 出自《马太福音》19:6，原句是"既然如此，夫妻不再是两个人，乃是一体的了。所以，神配合的，人不可分开。"
18 《传道书》（*Ecclesiastes*）是旧约圣经诗歌智慧书的第四卷，作者据传为以色列国王所罗门，成书不早于公元前 10 世纪，探讨生命的意义以及人面对生活应有的方式。
19 伍德罗·威尔逊（Woodrow Wilson，1856—1924），美国第 28 任总统，任期为 1913 到 1921 年，主张美国为世界民主战斗，支持弱小民族建立民族国家。
20 指俄国二月革命，1917 年 3 月（儒略历 2 月）爆发于俄罗斯帝国的民主革命，推翻沙皇统治，俄罗斯帝国灭亡，由代表自由主义和资本主义的俄国临时政府统治俄国。亚历山大·克伦斯基（Alexander Kerensky，

1881—1970），俄罗斯政治家、革命家，在二月革命后的临时新政府中担任政府总理。

21 拉姆齐·麦克唐纳（Ramsay MacDonald，1866—1937），英国政治家，出身工党，曾于1924年、1929至1935年两度出任英国首相。

22 弗朗西斯·梅内尔（Francis Meynell，1891—1975），英国诗人和印刷商。

23 埃塞尔·斯诺登（Ethel Snowden，1881—1951），英国社会主义者、人权活动家。

24 "良心条款"也叫道德条款，是英美等一些地区的法律所附的法律条款，允许出于宗教或道德原因不遵守某一规定的人不受处分。

25 工贼，也称为罢工破坏者，是指不顾罢工而进行工作的人，有些是在工会开始组织罢工活动时或罢工进行期间由公司雇来的劳工，有些是不参与罢工而照常工作的原先的雇员。

26 阿瑟·贝尔福（Arthur Balfour，1848—1930），英国保守党政治家，曾于1902到1905年担任首相，后于1916到1919年担任外交大臣。

27 英国1898年的《监狱法》为被判两年或两年以下监禁的罪犯设立了三种不同的监禁类别。其中，极少数的第一分区的犯人所受的限制最少，他们可以不做劳动、不吃牢饭、不穿囚服，还可收发信件，每两周见一次客人等。

28 利顿·斯特雷奇（Lytton Strachey，1880—1932），英国作家、评论家。1918年的代表作《维多利亚女王时代四名人传》（*Eminent Victorians*）建立了一种新的传记形式，用客观机智的笔触记录了维多利亚时代四位被视为英雄的重要人物生平。

29 阿瑟·韦利（Arthur Waley，1889—1966），英籍东方学学者、汉学家、翻译家。

30 现收录于《中国诗选》（*Chinese Poems*）（伦敦乔治·艾伦与昂温出版有限公司出版）。——原注

31 此为唐诗《红鹦鹉》（即《商山路逢》），作者为中国唐代现实主义诗人白居易。诗中描绘作者在商山路上遇见一只才华横溢的红鹦鹉，却被困在笼中，引得作者唏然感叹。

32 "吉伦特派"指法国大革命期间存在于1791年到1795年的政治派别。

33 弗朗索瓦·布佐（François Buzot，1760—1794），法国政治家，法国大革命领袖，1792年在友人罗兰夫人的影响下加入吉伦特派，起义失败后自杀身亡。

34 罗兰夫人，全名为玛丽－让娜·罗兰·德拉普拉蒂埃（Marie-Jeanne Roland de la Platière），法国大革命女性政治家，吉伦特派领导人之一。

35 弗兰克的第三任妻子伊丽莎白·罗素（Elizabeth Russell，1866—1941），英国小说家。

36 后来我认识到，我的感情不仅来自嫉妒。我本以为我们之间的感情非常庄重，而这种严肃关系中产生的矛盾，往往给人一种合作破裂的感觉，还有一种这些常见的神圣遭到亵渎的意味。——原注

37 1918 年 11 月 11 日，在法国巴黎北面森林的一节火车车厢里，协约国代表和德意志帝国看守政府代表签订《康边停战协定》，定于巴黎时间早上 11 时正式生效。

38 法语，意思是："老天，太好了！"

39 贵格会是基督教新教的派别，反对任何形式的战争和暴力，主张和平主义和宗教信仰自由。

40 这一点和以下内容对现在的我来说已不再适用（1967 年）。——原注

41 巴鲁赫·斯宾诺莎（Baruch Spinoza，1632—1677），荷兰哲学家，理性主义先驱。

42 多萝西·莫德·林奇（Dorothy Maud Wrinch，1894—1976），英国数学家、生物化学理论家。

43 剑桥大学格顿学院，成立于 1869 年，是英国第一所寄宿制女子学院。

44 《活埋》（Buried Alive）是英国作家贝内特于 1908 年创作的喜剧小说，后改编成话剧和音乐剧。讲述了一位英国画家为了避免公众关注，借用最近去世的男仆身份隐居起来，从而引起一系列风波的故事。

45 指 1919 年的爱丁顿实验，是英国天文学家弗兰克·沃森·戴森爵士和亚瑟·爱丁顿组织探险队的观测实验，分别在西非和巴西进行，由此使爱因斯坦和广义相对论闻名于世。

46 帕特里克·坎贝尔夫人（Mrs Patrick Campbell，1865—1940），原名比阿特丽斯·罗斯·斯特拉·坦纳（Beatrice Rose Stella Tanner），英国舞台剧演员，多次出演莎士比亚、萧伯纳等人的戏剧，曾与萧伯纳有过一段恋情。

47 萧伯纳是一位素食主义者，非常推崇素食对长寿的益处。

48 第一次世界大战期间，荷兰、瑞士、丹麦、西班牙、挪威和瑞典保持中立，免受战争的杀戮和破坏。

49 克劳迪亚斯·萨尔马修斯（Claudius Salmasius，1588—1653），法国古典

学者。

50 路西法一般是指堕落的天使，他曾经是统治其他天使的大天使长，却因对自己的力量过于自信，率领其他天使一起反叛上帝，并在战败后从天界堕落。

51 克莱夫·贝尔（Clive Bell，1881—1964），英国形式主义美学家、艺术批评家。

52 英雄双韵体，又称英雄双行体，是一种英语古典诗体。

53 反律法主义，也译为废弃道德律论等，指反对任何法律或律法主义、道德、宗教或社会规范的观点。既可以用于宗教语境，也可以用于社会语境。

54 《凡尔赛和约》为第一次世界大战后协约国和同盟国签订的和约，于1919年6月28签署，主要目的是削弱德国的势力，标志着第一次世界大战正式结束。当时，包含约翰·凯恩斯在内的许多经济学家都认为合约条件过于苛刻，容易导致不良的后果。

55 这句话写于1931年。——原注

56 梅克伦堡广场是一座位于伦敦市中心的广场，周围环绕着许多历史建筑。建于1804年，到1825年完工。

57 指布尔戈斯大教堂，是一座位于西班牙的哥特式罗马天主教堂，始建于13世纪，被列入联合国教科文组织《世界遗产名录》。

58 委拉斯开兹，全名迭戈·罗德里格斯·德·席尔-委拉斯开兹（Diego Rodríguez de Silvay-Velázquez，1599—1660），西班牙画家。

59 埃斯科里亚尔修道院，是位于西班牙马德里市西北的庞大建筑群，始建于1563年，其中珍藏有欧洲艺术大师的名作，被列入联合国教科文组织《世界遗产名录》。罗马皇帝曾在此将基督教徒活活烧死。

60 阿拉贡的费尔南多二世（Ferdinand II of Aragon，1452—1516），西班牙王国统一后的第一个国王；伊莎贝尔一世（Isabella I of Castile，1451—1504），卡斯蒂利亚王国和莱昂王国女王，与丈夫费尔南多二世完成了收复失地运动，为西班牙帝国的创立奠定了基础。

61 摩尔人指中世纪入侵欧洲伊比利亚半岛、西西里岛及西非等地的穆斯林。

62 "康尼玛拉"是爱尔兰西部戈尔韦郡大西洋沿岸的一个地区，山脉、海湾、岛屿众多。

63 圣希多尼乌斯·阿波利纳里斯（Sidonius Apollinaris，430—489），古罗马末期诗人、外交家、主教，西哥特人入侵罗马时曾被囚禁。

64 希波的奥古斯丁（Augustine of Hippo，354—430），古罗马末期北非人，

神学家、哲学家，任北非希波主教。430 年，汪达尔人围攻希波，当时希波的奥古斯丁已病入膏肓，不久离世，后在大众赞誉下被封为圣徒。

65 "高卢人"指公元前 5 世纪到公元 3 世纪之间居住在高卢地区的凯尔特人。

66 1926 年后划归弗罗西诺内省。

67 1918 年 11 月，奥地利向意大利投降，维特根斯坦成为战俘，并在战俘营囚禁期间对成稿的《逻辑哲学论》继续修订。

68 威廉·欧内斯特·约翰逊（William Ernest Johnson，1858—1931），英国哲学家、逻辑学家、经济理论家。1912 年，在罗素的要求下，约翰逊曾试着在逻辑学方面辅导维特根斯坦，但收效甚微，草草收尾。

69 威廉·奥斯特瓦尔德（Wilhelm Ostwald），《自然哲学年鉴》（*Annalen der Naturphilosophie*）主编，附有我导论的《逻辑哲学论》于 1921 年首次发表于该刊。——原注

第七章 | 中国之旅

1 1920 年秋天，在新文化运动驱动者梁启超等人的促进下，讲学社邀请罗素到北京大学讲学，罗素在中国停留了近一年的时间，在北京、上海、杭州、南京等多地进行演讲。

2 指《布尔什维主义的实践和理论》（*the Practice and Theory of Bolshevism*），于 1920 年出版。

3 普通法婚姻，也被称为非仪式婚姻或事实婚姻，指一对夫妻无需正式注册民事或宗教婚姻，依然在法律上被承认婚姻有效。朵拉与同代的一些激进女性一样，认为规范婚姻的法律导致了女性奴役，并坚信无论是否处于婚姻关系中，男女都有拥有多伴侣的本性。

4 该省的军事长官。——原注

5 指约翰·杜威（John Dewey，1859—1952），美国哲学家、教育家、心理学家，美国实用主义哲学重要代表人物，现代教育学创始人之一；其妻子爱丽丝·奇普曼·杜威（Alice Chipman Dewey，1858—1927），美国教育家、妇女选举权倡导者。

6 1921 年，罗素到保定进行演讲，因受寒感染肺炎，并于 3 月 26 日生命垂危。

7 赵元任（1892—1982），中国语言学家，通晓八国语言和三十多种汉语方

言，时年在清华大学任教，罗素访问中国时，陪同罗素周游全国各地。
8 赵元任的姓英译为"Chao"，与罗素文章《当前混乱的原因》（*Causes of the Present Chaos*）中的"Chao"（混乱）拼写方法相同，于是赵元任便以"现在姓赵的人是姓赵前人后代"的方式，利用双关语解释了罗素提出的"当前混乱的原因"的问题。
9 即杨步伟（1889—1981），医生，曾任中国第一所"崇实女子中学"校长。
10 1916年至1927年，中国近代革命家、教育家、翻译家蔡元培（1868—1940）担任北大校长。根据蔡先生起草的《大学令》中规定："大学设校长一人，总辖大学全部事务；各科设学长一人，主持一科事务。"因此当时的北大没有副校长，此处罗素指的可能是北京大学的某位学长。
11 及膝短裤是英国的一种非常正式的着装，如御用大律师等穿着的宫廷服装。
12 翟理斯（Herbert Allen Giles，1845—1935），英国汉学家、原英国驻华外交官，在剑桥大学教授中文达三十多年，翻译了孔子、老子、庄子等诸多中国古代思想家的著作。
13 《卜辞》指中国商朝晚期巫师进行占卜活动而刻在龟甲兽骨上的文字记载。
14 高斯沃斯·洛斯·狄金森（Goldsworthy Lowes Dickinson，1862—1932），英国政治学家、哲学家、剑桥大学研究员。
15 丁文江（1887—1936），地质学家、社会活动家。
16 应是"真有趣"，作者在此讽刺日本记者的英文发音夸张且带有日本口音。
17 "格拉斯米尔村"是位于英格兰湖区的村庄，以邻近的格拉斯米尔湖命名。

第八章 | 全新的情感重心

1 1932年，罗素离开与朵拉创办的学校，标志着第二段婚姻实际的破裂，两人于三年后离婚。
2 达灵顿霍尔学校是一所20世纪20年代前后成立的另类教育学校，由约克郡农民之子伦纳德·埃尔赫斯特创建，设想打造成为自给自足的城市社区的教育机构。
3 卡恩沃埃尔别墅是朵拉和罗素于1922年买下的乡间宅邸，位于康沃尔郡的波茨库诺，原名"阳光海岸别墅"，后以附近一个海岬的名字命名。
4 威廉·伦道夫·赫斯特（William Randolph Hearst，1863—1951），美国

商人、出版业巨头、政治家，赫斯特国际集团的创始人。
5 赫斯特城堡，赫斯特建于加利福尼亚中部的城堡，设计工作始于 1919 年，历时 28 年，成为 20 世纪二三十年代好莱坞名流的聚集地。
6 指 20 世纪二三十年代发生于英属印度的不合作运动。1920 年，圣雄甘地发起不合作运动，也是世界历史上第一次全国性的非暴力反抗运动。
7 朵拉坚信男女在本质上都有多配偶的天性，在与罗素的婚姻期间，朵拉与一位记者育有两个孩子。
8 指莎士比亚的《罗密欧与朱丽叶》中卖药人的桥段，罗密欧误认为假死的朱丽叶真的已死，于是从卖药人那里购买毒药，在朱丽叶的坟前殉情。

第九章 | 在他乡

1 休伊·朗（Huey Long，1893—1935），美国政治家，曾任路易斯安那州州长。他是一个备受争议的人物，1935 年遭暗杀。
2 英国圣公会为英国国教，属于基督新教圣公宗，是开创于 16 世纪的基督教会。
3 保罗·韦斯（Paul Weiss，1901—2002），美国哲学家，毕业于纽约市立学院和哈佛大学，在布林莫尔学院教授哲学。
4 "西蒙与舒斯特"是派拉蒙全球旗下的出版公司，于 1924 年创立，创始人为理查德·西蒙和麦克斯·舒斯特，是美国六大出版商之一。
5 拉德克利夫学院是位于美国马萨诸塞州剑桥的女子文理学院，创建于 1879 年，1999 年整合到哈佛大学。
6 库尔特·哥德尔（Kurt Gödel，1906—1978），出生于奥匈帝国的美国数学家、逻辑学家、哲学家。
7 沃尔夫冈·泡利（Wolfgang Pauli，1900—1958），奥地利、美国、瑞士理论物理学家，于 1945 年获诺贝尔物理学奖。
8 "柏拉图主义"指古希腊哲学家柏拉图的哲学及衍生出的哲学系统，核心在于承认抽象对象的存在。一些承认抽象对象存在的哲学家，被称为"柏拉图主义者"。

第十章 | 重返英伦

1 这部分为《罗素自传》英文版原文第 3 卷，首次出版时有前言。
2 出自莎士比亚于约 1607 年编写的罗马悲剧《安东尼与克莉奥佩特拉》（*Antony and Cleopatra*）。
3 出自雪莱创作于 1821 年的抒情诗《希腊》（*Hellas*），1822 出版，这是雪莱生前发表的最后一首诗，写作的目的是为 1821 年爆发的希腊独立战争筹集资金。
4 "自由轮"是一种美国在二战期间大量制造的货轮，用来替代战争中被德国潜艇击沉的商船。
5 法国国歌《马赛曲》中的歌词，意为"前进，祖国儿女，快奋起，光荣的一天等着你"。
6 瑟堡是法国历史上芒什省的一个旧镇和港口城市，也是英吉利海峡重要的商业、轮渡和军事港口。
7 第二次世界大战对日战争胜利纪念日，指二战中日本投降、即战争结束的日期及其后的每年纪念日，战事在各国终止的日期不同，中华人民共和国的抗日战争胜利纪念日为 9 月 3 日，英国为 8 月 15 日。
8 "巴鲁克计划"是美国于 1946 年提交给联合国原子能委员会的提案，由美、英、加三国呼吁成立一个管制核能的国际机构。
9 指核动力飞机，是一种由核动力驱动的飞行器，其研究始于冷战时期的苏联和美国，由于该技术的巨大危险性，从未被用于民用，也没有国家进行过量产。
10 哈罗德·拉斯基（Harold Laski，1893—1950），英国政治理论家、经济学家，时任英国工党主席和伦敦政治经济学院教授。
11 "里斯讲座"是英国广播公司于 1948 年设立的一年一度的系列讲座，意在纪念英国广播公司第一任总裁约翰·里斯（John Reith，1889—1971）。1948 年，里斯首次讲座的演讲嘉宾便是罗素。
12 指百年战争，即 1337 年至 1453 年间的一系列战争冲突，交战双方为金雀花王朝及其治下的英格兰王国，以及瓦卢瓦王朝及其治下的法兰西王国。在交战末期法国收复失地的过程中，法军先进的火炮技术发挥了关键作用。
13 "纽伦堡审判"指 1945 年至 1946 年间，第二次世界大战战胜国对欧洲轴心国领袖进行的数十次军事审判。

14 "功绩勋章"是英国和英联邦王国的荣誉勋章,由英国君主所颁赠,以嘉奖在军事、科学、艺术等领域有显著成就的人士。其可由君主本人自由决定人选而无需提名。

15 全名"最高贵的嘉德勋章",英国荣誉体系中级别最高的骑士勋章,由国王自行决定人选,该勋章通常表彰对国家、公共事业和君主个人做出卓越贡献的人。

16 查尔斯·波尔特(Charles Portal,1893—1971),英国皇家空军元帅。

17 曼荷莲女子学院为一所著名的美国女子文理学院,前身为1837年成立的曼荷莲女子神学院,1888年改为学院。

18 拉斯金学院位于英国牛津郡,建校于1899年。

19 大卫·劳埃德·罗伯茨(David Lloyd Roberts,1835—1920),英国妇科医生、藏书爱好者。以其遗赠开设的系列演讲,被称作"劳埃德·罗伯茨演讲",内容涉及医学和科学领域的话题,第一次演讲于1921年举行。

20 "选择性育种"也称为人工选择,指人类出于自己的目的控制动植物育种的过程。

21 "死亡驱力"是弗洛伊德精神分析理论的概念,指一种由死亡和毁灭本能驱使的力量,通常表现为攻击、重复强迫和自我毁灭等行为,是一种想要摧毁秩序、回到前生命状态的冲动。

22 克里斯蒂娜女王(Drottning Kristina,1626—1689),瑞典女王,于1632至1654年在位。

23 乔治·爱德华·摩尔(George Edward Moore,1873—1958),英国哲学家,与罗素一同被视为分析哲学的主要创始人。《伦理学原理》(*Principia Ethica*)是摩尔于1903年完成的伦理学著作。

24 大卫·休谟(David Hume,1711—1776),苏格兰哲学家、经济学家、历史学家。

25 "相容学说"是莱布尼茨提出的一个哲学概念,指一个完整的个体事物具有的所有属性决定了与其他个体的关系,一个可能的世界由可相容的个体组成。

26 威廉·赫里尔·马洛克(William Hurrell Mallock,1849—1923),英国小说家、经济学家。《新共和》(*The New Republic*)是马洛克的一本最初以连载形式出现的小说,1877年首次出版,这部讽刺小说几乎完全由对话组成,嘲弄了当时牛津大学的大多数重要人物。

27 《约翰·福斯提斯的困惑》(*The Perplexities of John Forstice*),罗素向

康拉德分享了这篇小说的手稿，但康拉德的反应冷淡，因此罗将作品搁置，直到 1972 年（罗素去世后两年）才出版。
28 欧内斯特·卢瑟福（Ernest Rutherford，1871—1937），新西兰物理学家，原子核物理学之父，1908 年诺贝尔化学奖获得者，曾带领团队成功证实原子核的存在，创建了"卢瑟福模型"。

第十一章 | 罗素 – 爱因斯坦宣言

1 露西·唐纳利（Lucy Donnelly，1870—1948），布林莫尔学院的英语教师，后担任英语系主任。
2 指玛莎·凯莉·托马斯（Martha Carey Thomas，1857—1935），美国教育家、妇女参政论者、语言学家，布林莫尔学院的创始人之一，布林莫尔学院的第二任校长。罗素的第一任妻子爱丽丝是她的表妹。
3 穆罕默德·摩萨台（Mohammad Mosaddegh，1882—1967），伊朗政治家、作家、律师。1951 年至 1953 年间出任伊朗首相，在首相任内试图将伊朗石油业从英国手中夺回，进行国有化。
4 苍蝇船是一种开放式游船，供游客欣赏塞纳河沿岸风光。
5 赫耳墨斯和小酒神，也称为奥林匹亚的赫耳墨斯，希腊后期著名雕塑家普拉克西特列斯的代表作，为古希腊神话人物赫耳墨斯和婴儿狄俄尼索斯的雕塑，创作于约公元前 330 年，在奥林匹亚考古博物馆展出。雕像代表了宙斯在狄俄尼索斯降生后将婴儿交给赫耳墨斯保护，在完整的雕塑中，赫耳墨斯把还是婴儿的弟弟抱在左臂上俯视着他，而狄俄尼索斯则向上看。
6 "格伦科惨案"是 1692 年 2 月 13 日格伦科峡谷发生的一起屠杀事件，约有三十名格伦科麦克唐纳氏族成员因未能及时向新任英国君主宣示效忠而遭到政府军屠杀。
7 罗素的大儿子约翰·罗素晚年被诊断出患有精神分裂症。
8 后来，我对他们的看法有所改观，我觉得如果这里必须改造的话，他们做得已经很好了。——原注
9 赫尔曼·乌尔德（Hermon Ould，1886—1951），英国诗人、剧作家，国际笔会的重要成员，1941 年担任国际笔会会长。
10 威廉·华兹华斯（William Wordsworth，1770—1850），英国浪漫主义诗

人，桂冠诗人。

11 让·弗雷德里克·约里奥-居里（Jean Frédéric Joliot-Curie，1900—1958），法国物理学家，1935年诺贝尔化学奖获得者。

12 尼尔斯·玻尔（Niels Bohr，1885—1962），丹麦物理学家，1922年诺贝尔物理学奖获得者。

13 奥托·哈恩（Otto Hahn，1879—1968），德国放射化学家、物理学家，1944年诺贝尔化学奖获得者。

14 《迈瑙宣言》是1955年由52名科学家联名发表的反对核武器宣言，由奥托·哈恩和德国理论物理学家与数学家马克斯·玻恩起草。

15 埃德加·阿德里安（Edgar Adrian，1889—1977），英国电生理学家，1932年诺贝尔生理学或医学奖的获得者，曾任剑桥大学教授，于1950年到1955年任英国皇家学会会长。

16 莱纳斯·鲍林（Linus Pauling，1901—1994），美国化学家，1954年诺贝尔化学奖获得者，1962年诺贝尔和平奖获得者。

17 卡克斯顿府是位于伦敦威斯敏斯特的一座历史悠久的建筑，建于1883年，在第二次世界大战后成为上流社会首选的民事婚姻的登记处。

18 约瑟夫·罗特布拉特（Joseph Rotblat，1908—2005），波兰裔英国物理学家、社会活动家，1995年获诺贝尔和平奖。

19 巴黎国际大学城是位于巴黎的一个学生宿舍群，项目于1925年开始策划，旨在创造一个全球青年人共同生活的社区。

第十二章 | 特拉法加广场

1 核裁军运动组织（Campaign for Nuclear Disarmament，CND）是一个英国的反核运动组织，倡导英国单方面核裁军、国际核裁军和加强国际军备管制的组织，成立于1957年11月。罗素为组织会长。

2 直接行动委员会（Direct Action Committee，DAC），全名为"反对核战争直接行动委员会"，是一个英国和平主义组织，旨在通过非暴力直接行动，争取促进英国和其他国家完全放弃核战争和核武器。成立于1957年，1961年解散。

3 "奥尔德马斯顿游行"指20世纪五六十年代的一系列反核武器游行，在复活节的周末，游行队伍从伦敦出发，游行至位于奥尔德马斯顿的原子武器研究中心。罗素曾在游行中多次发表演讲。

4 指 1960 年冷战期间的 U-2 击落事件。一架美国 U-2 侦察机在苏联领空被击落，以艾森豪威尔为首的美国政府先是对该机的侦查性质进行否认，但在证据公布后，美方终于承认侦察机进行的秘密间谍活动。两个星期后，随着巴黎四国首脑峰会举行，美苏关系降到冷战以来的低点。

5 卡林加科普奖是由联合国教科文组织创立于 1951 年的奖项，以印度皇帝卡林加的名字命名，旨在表彰在向大众普及科学思想的杰出人才。

6 拉尔夫·舍恩曼（Ralph Schoenman，1935—2023），美国左翼活动家，罗素的私人秘书，参与了罗素支持的许多项目。1970 年，罗素公开与舍恩曼决裂。

7 "百人委员会"是英国的一个反战组织，由罗素、舍恩曼等百人组织成立，利用大规模非暴力抵抗和公民不服从措施达成目标，委员会于 1960 年成立，1968 年解散。

8 "白厅"是英国伦敦威斯敏斯特的一条大道，自特拉法加广场向南延伸至国会广场，英国政府诸多部门均在此区域。

9 迈克尔·斯科特（Michael Scott，1907—1983），英国圣公会牧师、反种族隔离活动家、核裁军早期倡导者。

10 《他是一个快乐的好小伙》(*For He's a Jolly Good Fellow*) 是一首起源于法国的曲子，至少可追溯至 18 世纪，后来广为流传，用来庆祝体育赛事夺冠、生日、婚礼等人生大事。

11 奥诺雷·杜米埃（Honoré Daumier，1808—1879），法国画家、讽刺漫画家、雕塑家、版画家。

12 "顽皮的 90 年代"，指 19 世纪 90 年代西方国家经历的思想解放的十年，在美国被称为"欢乐的 90 年代"，被视为一个追求娱乐和放纵的时期。

13 "喧嚣（或咆哮）的 20 年代"，指 20 世纪 20 年代西方社会的一个经济繁荣的时期，音乐、文化和时尚产业等都经历了蓬勃发展。

14 "克里诺林裙衬"是一种硬质裙撑，首次出现在 1830 年，大约在 1870 年逐渐消失。

15 卡珊德拉，希腊和罗马神话中的特洛伊公主，阿波罗的祭司。拥有预言能力，曾预言特洛伊的覆灭却无人相信。

第十三章 | 和平基金会

1. 指英格兰和威尔士慈善委员会,为英国政府负责英格兰和威尔士慈善组织的非内阁部门。
2. 国际战争罪法庭即罗素法庭,亦称为罗素－萨特法庭,是一家对越战美军暴行作出审判的机构。
3. 让－保罗·萨特（Jean-Paul Sartre,1905—1980）,法国哲学家、剧作家、小说家、编剧、政治活动家,存在主义哲学的关键人物,1964年诺贝尔文学奖得主。
4. 林登·贝恩斯·约翰逊（Lyndon Baines Johnson,1908—1973）,美国政治人物,1963到1969年任美国第三十六任总统。
5. "沃伦委员会"即肯尼迪遇刺事件总统调查委员会,是由时任美国总统的约翰逊下令成立的总统委员会,调查第三十五任美国总统约翰·肯尼迪的遇刺事件。委员会由美国首席大法官厄尔·沃伦担任主席。
6. 沃伦委员会的两位主要成员,一位是原中央情报局总监,一位是联邦调查局的成员。——原注

后记

1. 出自《约伯记》5:7:人生在世必遇患难,如同火星飞腾。
2. 维多利亚时代后期适逢英国第一次工业革命和大英帝国的黄金时代。
3. 冷战时期,柏林被分割,勃兰登堡门成了英国与苏联占领区的交界处,分隔东西两德。
4. 《天堂篇》为《神曲》的第三篇,前两篇分别是《地狱篇》和《炼狱篇》。

我为何而活：罗素自传

作者 _ [英]伯特兰·罗素　译者 _ 靳婷婷

产品经理 _ 周奥扬　　装帧设计 _ 别境 Lab 肖雯
技术编辑 _ 顾逸飞　　责任印制 _ 梁拥军　　出品人 _ 许文婷

营销团队 _ 王维思 谢蕴琦

果麦
www.guomai.cn

以 微 小 的 力 量 推 动 文 明

图书在版编目（CIP）数据

我为何而活：罗素自传 /（英）伯特兰·罗素著；靳婷婷译. -- 广州：广东人民出版社，2025.2.
ISBN 978-7-218-18236-0

Ⅰ. B561.54

中国国家版本馆CIP数据核字第2025LK0441号

WO WEIHE ER HUO: LUOSU ZIZHUAN
我为何而活：罗素自传
[英]伯特兰·罗素 著　靳婷婷 译　　版权所有　翻印必究

出 版 人：	肖风华

责任编辑：李　敏　罗　丹
责任技编：吴彦斌　赖远军

出版发行：广东人民出版社
地　　址：广州市越秀区大沙头四马路10号（邮政编码：510199）
电　　话：（020）85716809（总编室）
传　　真：（020）83289585
网　　址：http://www.gdpph.com
印　　刷：河北鹏润印刷有限公司
开　　本：880毫米×1230毫米　1/32
印　　张：10　插　页：4　字　数：194千
版　　次：2025年2月第1版
印　　次：2025年2月第1次印刷
定　　价：78.00元

如发现印装质量问题，影响阅读，请与出版社（020-85716849）联系调换。
售书热线：（020）87716172